育见自己

刘文超 著

企业管理出版社
ENTERPRISE MANAGEMENT PUBLISHING HOUSE

图书在版编目（CIP）数据

育见自己/刘文超著.— 北京：企业管理出版社，2023.10

ISBN 978-7-5164-2912-9

Ⅰ.①育… Ⅱ.①刘… Ⅲ.①家庭教育–文集 Ⅳ.① G78-53

中国国家版本馆 CIP 数据核字（2023）第 179713 号

书　　名：	育见自己
书　　号：	ISBN 978-7-5164-2912-9
作　　者：	刘文超
封面设计：	孙　伟
策　　划：	张　丽
责任编辑：	张　丽
出版发行：	企业管理出版社
经　　销：	新华书店
地　　址：	北京市海淀区紫竹院南路 17 号　　邮编：100048
网　　址：	http://www.emph.cn　　电子信箱：lilizhj@163.com
电　　话：	编辑部（010）68420309　　发行部（010）68701816
印　　刷：	北京博海升彩色印刷有限公司
版　　次：	2023 年 11 月第 1 版
印　　次：	2023 年 11 月第 1 次印刷
开　　本：	710mm×1000mm　　1/16
印　　张：	11.5
字　　数：	120 千字
定　　价：	69.80 元

版权所有　　翻印必究·印装有误　　负责调换

作者简介
ABOUT THE AUTHOR

刘文超

- 国家二级心理咨询师
- 字悟人生文化创始人
- 家庭教育指导师
- 婚姻家庭咨询师
- 企业培训师
- 《字悟人生》一书作者

长期在全国各地开展家庭教育讲座活动和心理咨询服务工作，参与举办企业培训或担任课程讲师等相关事宜。十余年培训授课经验，在全国多家机构和企业担任文化顾问。原创的《字悟人生》文化课程尤为擅长通过拆解文字的方式阐述文化理念的精髓。

自2018年开始，全身心投入家庭教育领域的深耕中。结合自身的实际生活感悟和心理咨询案例经验，融入心理学的知识，原创的《字悟人生之家庭教育篇》在家长群体中获得了广泛的认可和赞誉。

作者电子邮箱：liuwenchaojob@163.com

结婚不等于幸福

长大不等于成熟

序

每一个家庭，都有着不同的烦恼。

每一对夫妻，都有着不同的问题。

无数的夫妻，在自己还是孩子的时候，就有了孩子。于是如何教育孩子，如何成长自己，正在成为全社会都无法逃避的重要课题。

本书之所以取名为《育见自己》，就是希望与家长朋友们一起，在教育子女的过程中，也能不断地认知自己、提升自己，从而让孩子能够成为更好的孩子，让我们能够成为更好的自己。

在家庭教育问题越来越被重视的当下，愿本书的内容能够为每一位读者，提供些许值得参考的点滴。

刘文超

2023 年 5 月

目录 CONTENTS

- 字悟家庭教育 / 001
- "爱孩子"的反思 / 005
- 做孩子一生的老师 / 011
- 统一教育理念很重要 / 015
- 家长学习须自觉 / 018
- 好习惯需要"浇灌" / 020
- 夫妻和，孩子"兴" / 025
- 家长层次的金字塔 / 033
- 三 xiào 家人 / 036
- 承认问题的存在 / 039
- 爱的正确表达 / 042
- 教养＞穷养＆富养 / 047
- 家长要懂"玩" / 049

- 处处皆教育　　　　　　　　　／ 053
- 给孩子做好榜样　　　　　　　／ 056
- 家庭教育的因果关系　　　　　／ 059
- 家长的起跑线　　　　　　　　／ 062
- 懂得如何去爱　　　　　　　　／ 064
- "换个角度"更懂孩子　　　　　／ 071
- 塑造更好的自己　　　　　　　／ 075
- 在平凡的日子里享受甘甜　　　／ 078
- 做明白父母　　　　　　　　　／ 080
- 如何让孩子善良与正直　　　　／ 084
- 家庭教育的十二条经验　　　　／ 086
- 如何做好家庭"领导"　　　　　／ 091
- 见自己，建自己　　　　　　　／ 094
- 思维不固化，学习须自觉　　　／ 098
- 教育的细节　　　　　　　　　／ 102
- 教育的"见缝插针"　　　　　　／ 109
- "打动"孩子不是"打"孩子　　　／ 115
- 做会"听话"家长　　　　　　　／ 120
- 讲道理，会沟通　　　　　　　／ 122

- 家庭教育的着力点　　　　　　／ 125
- 不做"没用"家长　　　　　　／ 128
- 阅读如何变"悦"读　　　　　／ 131
- 家庭教育的双向性　　　　　　／ 135
- 家庭教育中的技法　　　　　　／ 140
- "做比较"不可取　　　　　　／ 144
- 时时皆教育　　　　　　　　　／ 147
- 家庭教育的传承　　　　　　　／ 150
- 为了孩子的未来更美好　　　　／ 153
- 再论孩子的"听话"　　　　　／ 155
- 筷子中的夫妻相处之道、育儿之道　／ 157
- 家庭教育贵在"知行合一"　　／ 163

- 后记　　　　　　　　　　　　／ 167

字悟家庭教育

近年来，党和国家越来越重视家庭教育。习近平总书记多次就家庭教育做出一系列重要论述，强调"家庭是人生的第一所学校，家长是孩子的第一任老师，要给孩子讲好'人生第一课'，帮助扣好人生第一粒扣子""不论时代发生多大变化，不论生活格局发生多大变化，我们都要重视家庭建设，注重家庭、注重家教、注重家风"。2021年10月，《中华人民共和国家庭教育促进法》审议通过并于2022年1月1日起实施；2023年4月，教育部公布了2022年度普通高等学校本科专业备案和审批结果，新增了家庭教育专业，并将其正式纳入《普通高等学校本科专业目录》。家是最小国，国是千万家。家庭教育关乎儿童健康成长、家庭幸福与社会和谐，家庭教育的质量对一个国家、民族乃至整个人类社会的发展都有深远影响。

什么是**家庭教育**？

我们先来了解**家庭**。家庭的概念相对比较简单，一般来说，它是在婚姻关系、血缘关系或收养关系基础上产生的亲属之间构成的社会生活单位。

重男轻女是"对"的，
因为**重**的东西应该**男**的拿，
轻的东西应该**女**的拿。

但什么是**教育**呢？一个看似简单的问题，却有很多终生从事教育行业的人也未必就真的搞清楚了其真正的含义。我们经常对于身边的、耳熟能详的事物最是缺乏深入了解的想法和动力。

想要知道什么是**教**，让我们先写一个老人的**老**字：

老

然后将老字下面象征着时间是一把杀猪刀的**匕**首擦掉，换上子女的**子**字，于是我们就得到了孝道的**孝**字：

孝

> 赢家，
> 赢家的真正意义不在赢，而在家。

那么孝字的含义便不言而喻了：**子女将老人扛在肩头的那份责任和义务，便是孝。**

在孝字的右边加上一个反文旁，就得到了教育的教字：

所以，教字的含义就是将中华民族的传统美德如孝、悌、忠、信、礼、义、廉、耻的**文化**传承下去的过程。

在甲骨文中其实**反文旁**与**文化**并无关系，其含义是一个人拿着拐杖做敲打状，所以才有了民间的俗语：

棍棒底下出孝子！

但我们要明白的是，在古代，往往是家法大于律法的，打人可不是随意打的，当违反了家规、触犯了律法之时，棍棒其实已经是较轻的处罚手段了。

想要知道什么是育，让我们先写一个云（厶）字，再写一个月字：

字悟家庭教育 | 003

为了你**好**,
是种最**坏**的表达。

育

在这里，我们可以将这两个字组成的**育**字想象成一幅画来理解：

傍晚时分，淡淡的**云**朵掩映着**月**光，照进一户人家的窗户，窗内的妻子正在一边缝补着衣衫，一边和推着摇篮的丈夫轻声唠着家常，而摇篮里的孩子安睡正香。

育字为我们呈现的这幅画面，仿佛就在诉说着**育**字的含义：**育人，需要夫妻同心，不断耕耘，披星戴月，含辛茹苦。**

"爱孩子"的反思

《孟子·尽心上》中讲道：君子有三乐，而王天下不与存焉。父母俱存，兄弟无故，一乐也；仰不愧于天，俯不怍于人，二乐也；**得天下英才而教育之，三乐也**。许慎在《说文解字》中讲道：**教**，**上所施，下所效也**；**育**，**养子使作善也**。

而在当今社会，大多数父母更加期望的是：**孩子能够听话，孩子能够成绩好，孩子能够考上好的学校，孩子能够不居人后，等等，不一而足**。

所以，很多父母对孩子教育的初衷已经越来越体现出其注重"功利性"的趋势，那么在教育过程中因其功利性的目标必然会和孩子的天性相冲突，从而出现一系列的问题也就不足为怪了。

当然，我们并不是说广大家长希望孩子在未来能够独立、竞争力强是错误的观念，而是家长在更加注重功利性的前提下，不可避免地会给幼小的孩子造成不断叠加的压力，但不幸的是，孩子的抗压能力并不是随着年龄的增长就**一定**增长着的。

我们应该明白的是：

眼珠只有黑白，却不影响我
们阅尽那多姿多彩。
琴键只有黑白，却不影响我
们沉醉于绕梁余音。

每一个人都不是孩子的**前传**，

也不是父母的**续集**，

更不是朋友的**外篇**，

每个人都该是，也只能是——**自己**！

爹妈的爹字，上为父，下为"多"：

爹

所以，父亲都是在竭尽所能地给予孩子更多。但也要让孩子明白父亲不是必须给孩子最"多"。无论您的父亲是谁，记得都别觉得"跌份儿"。父亲最该教给孩子的道理是：**不要害怕"跌"倒**。

爹妈的妈字，左为女，右为马：

> 读书如种树，翻页即乘凉。

妈

所以，在这个世界上为您当牛做**马**而**无怨无悔**的那个**女**人，一定是您的**妈妈**。

做爹妈的人也都曾是儿女，我们为人父母者要做的是，让孩子知道他是我们的软肋，我们也愿意做孩子的铠甲。但更该让自己和孩子都明白的道理是：**努力的意义在于，让每一个今天努力的自己，有资格去成为明天的靠山。**

俗语说：一朝被蛇咬，十年怕井绳。家庭教育的现实往往是：

家长，一朝被蛇咬；

孩子，十年怕井绳。

为什么这么说呢？因为我们家长在竞争激烈的社会生活中承受着极大的压力，出于对孩子未来的担忧，我们当然不会希望我们的孩子未来也遭受和我们同样甚至更大的困境和压力。所以我们就会希望我们的孩子能够避免我们曾经犯过的错误，

> 试着重新设定我们内心计算得失的方法。

能够从小就认真学习、取得好成绩，能够进到最好的学校、取得更高的学历，从而在未来得以找到更好的工作，足以保障自己的生活，不会像我们一样活得这么累！

父母的这份心思当然不能说错，但不可否认的是，我们在把我们的担忧过早地放在了孩子的身上，欲速则不达的道理是我们明明知晓却又抛到了脑后的。

于是，在当今社会，越来越多的孩子感受不到父母对自己的关心，孩子每天接收到的信息基本上都是关于学习成绩的、父母要求事情的完成情况的。我记忆很深，在几次给夏令营的孩子讲课的过程中，不止一次地出现了孩子无论如何都不认为父母爱自己的情况，每一次都让我触目惊心，不敢相信，但却又不得不承认这是孩子们真实存在的想法。

父母明明很爱孩子，我去讲课的夏令营，说实话参加的费用并不低，但就是这些愿意拿出一笔不菲费用让孩子参加夏令营的家长，他们的孩子却根本不觉得父母是爱他们的。可笑吗？可怜吗？可惜吗？

身为父母的我们真的不得不反思了，如何让孩子感受到我们的爱，感受到我们对于"孩子本身"的爱，而不只是对其学习成绩的关注，不只是对听不听我们话的在意！

> 周五下午总是比周日更让人开心，因为比起拥有的，我们总是更期待我们所期待的！

我们家长应该提醒自己：尽量少以过来人的身份去教育孩子，我们只不过曾经路过我们自己的过去，却总是说得好像已经去过了孩子的未来！尤其是在科技飞速发展的现在，别让我们那些已经落伍了的观念限制了孩子的未来。

问个问题：**您"关心"您的孩子吗？**

我想您也许会回答我：废话！当然了，怎么会不关心？！

那么我们来想一下：什么叫"关心"呢？

在家庭教育中的"关心"两个字，应该是**关**注孩子的内**心**！

我们真的做到了吗？

我们是否忙碌了一天回到家里，看到孩子，问的内容基本上是：**作业写完了吗？饭吃完了吗？澡洗完了吗？吃饭洗手了吗？明天上学的书包收拾好了吗？还不睡觉，明天能起来吗？**

每天面对这样的问题，您觉得我们的孩子能够感受到我们对他本身的关心，对他本人的关爱吗？我们真的明白什么叫作"关心"了吗？

那么我们应该如何去做呢？我们需要关注孩子，关注孩子本身，关注孩子的心情。我们可以询问孩子今天在学校或家里有没有什么开心的事情，学到了或发现了什么新的知识或是好玩的感兴趣的事情，等等。总之，让孩子感受到家人

> 或许我们每个人都是穿越者,来自本该属于一天之后的世界,穿越的目的只有一个,改变明天,但绝大多数人穿越过来之后都忘记了……

对他情绪的关注,感受到我们希望他的每一个今天都能过得开心,都能学到东西,都能有哪怕一点点的进步,都能过得有意义。这种正向的暗示和引导,才会是孩子愿意去学习新知识的动力之源,愿意去思考的动力之所在,愿意和家人进行沟通的氛围基础。

做孩子一生的老师

如果我们真的在意孩子的话，就更应该去在意孩子的**"话"**。

日本作家伊坂幸太郎说过：**一想到为人父母居然不用经过考试，就觉得真是太可怕了。**

的确如此，很多年轻人都是在到了应该结婚的年龄**所以**结了婚，在早生贵子的祝福声后，很快有了孩子，于是看似顺理成章地成了孩子的爸爸、妈妈。但这时候的爸爸妈妈其实自己本身还是孩子，如何处理好必须面对的经济压力、婚姻压力、社会生存压力等问题就成了重中之重、急中之急。毫无疑问的是每位家长都希望能够将自己的孩子教育好，让孩子健康、平安、快乐地长大。那么如何去做？从哪里开始做呢？其实大多数的家长是没有清晰的头绪的，会下意识地按照当初父母教育自己的方式加以借鉴，结合自身的世界观和价值观做出相关的教育决策，仅此而已。甚至于更多人不过是在硬着头皮地见招拆招，出现什么问题就试着去解决什么问题，没有了解问题出现的症结之所在，最后造成一种难以控制的恶性循环。

> 相由心生是有道理的。因为改变容貌的最简单方法就是：您的礼貌！

所以，学习二字，对于我们身为家长之人就日益重要了起来，如果我们自身没有学习的习惯和动力，怎么可能只寄希望于通过言传而不通过身教去影响孩子呢？

身为家长的我们不能说花钱把孩子送到学校就算万事大吉了，就觉得以后教孩子学习就是学校老师的事情了。

因为父母才是孩子人生中的第一任老师，也将是孩子一生的老师。

孩子放学回到家里，问孩子学到了什么新的知识，是引导孩子回忆一天所学的过程；如果孩子给我们背诵了今天学到的一首诗，那么这又会是一个复习和巩固的过程，既加深了孩子对这首诗的印象，也顺带着让孩子体会了一下当老师的乐趣。而这种沟通和陪伴才能算是父母对孩子有效的陪伴。当然劳累了一天的我们未必每天都有这种心情和耐心去跟孩子进行这种沟通。但正因为如此，我们更加要思考一下，如果我们自己都不能保持这种"耐心"，又怎么能要求孩子对学习保持足够的耐心呢？要有毅力呢？要能刻苦呢？

小学之所以叫作**小学**，是提醒我们要从**小处**学起。从小事中学规矩、知善恶、懂黑白。

大学之所以叫作**大学**，是提醒我们要往**大处**学。扩大知识

> 这个世界上，唯一没有人能阻挡的就是，内心的成长！

面，更要扩大自己的眼界、胸怀与格局。

如果说只用一句话来说明白，怎样才能提高孩子的**考试成绩**的话，我可以给您一个回答：

只要让孩子搞明白任何一张试卷上的任何一道题，出题者在考的是哪一个知识点，就行了。

说起来一点也不复杂，比如：英语的某道题，考的是哪种时态和语法；语文的某道题，考的是来自哪一首诗或文章的内容；数学的某道题，考的是哪一个数学公式的换算；历史的某道题，考的是哪个朝代和历史事件。

但说起来容易，做起来难，因为这都需要扎实的基本功，才能够在明白了是哪个知识点后，迅速给出正确的答案。

告诉孩子学习这件事是**可以**"三天打鱼，两天晒网"的。只要打鱼的这三天是：**昨天、今天和明天**。只要晒网的两天不是：**白天和黑天**。

以玩笑的口吻让孩子放松，然后耐心地陪着孩子持之以恒，才是学习的不二法门。

所谓一分耕耘、一分收获，我们都已经听烦了的一句话，却是一个不争的事实。如果作为最爱孩子的我们都无法保证一份不厌其烦的耐心的话，我们还如何能够做好自己的情绪管理？

生生不息的生，一个是**人生**的生，一个是**心生**的生。

如何去给孩子营造一个温馨、和睦、开心的生活和学习的环境？如何做到给孩子一个美好的童年呢？

统一教育理念很重要

阿德勒在《儿童的人格教育》一书中说：**幸运的人，一生都在被童年治愈；不幸的人，一生都在治愈着童年。**

所以身为家长的我们，竭尽全力去给孩子营造一个美好的童年，并不仅仅意味着给了孩子一个美好的记忆，更是给了孩子在未来的人生中一把抵御风雨的伞，一把披荆斩棘的剑，一份孩子孤独无助时内心的温暖，一份孩子仗之与人生苦难为敌的心田（甜）。

养儿育女，不只是一种血脉的延续，不只是身为家长的我们用一生在为孩子付出。换个角度想想，这又何尝不是因为孩子的降生，让我们有机会亲眼见证一个生命的成长，参与一个生命的成长，更提醒着我们重新拾起那些已经淡忘的儿时记忆，陪着孩子"重生"了一次呢？

举一个现实中的真实事例：

> 一个5岁的小男孩，每天去幼儿园一定要带着一条浴巾。每天中午、晚上睡觉时也一定要抓着这条浴巾。因为忘带浴巾，孩子曾经死死地抓着幼儿园的大

> 不能过，好日子；那就过好，
> 日子。

门哭了一个多小时，直到家长从家里拿来浴巾。因为浴巾被洗了没干，孩子曾经整夜哭闹，最后家长没办法，用吹风机想把浴巾吹干，结果有一块被吹得焦黄，孩子搂着浴巾直到哭得实在太累了才睡着。早上起来看到被损坏的浴巾，孩子又再次痛哭不停。

经过与孩子的单独交流和对家庭情况的全面了解后得知：造成这种情况的原因是在一次给孩子洗澡的过程中，父母在该不该给孩子使用成人洗发水的问题上发生了争执，越吵声音越大，还摔了东西。孩子被吓坏了，当时只能下意识地紧紧抓着手边的浴巾，从此以后，浴巾就成了孩子获得"安全感"的依赖，再也舍不得放开、不敢放开！

所以我们不得不承认：**夫妻间的争吵无论谁赢，最终输掉的都是孩子！**

那么家长要如何给孩子一个更好的童年呢？

好的父母都是在互相迁就，而不好的父母都是在互相比惨。一定要争论出到底是谁，为了对方，为了家庭，付出得更多，哪怕只有一点儿。这种心态本身就是最大的问题，因为在结婚之前，夫妻都是独立的个体，结婚之后就已经从两个人变成了应该荣辱与共、不分彼此的一家人了。一家人就不该说两家话，

> 止语，是知道话语该停在哪里。然后，用行动说话，让事实表达。

对孩子来说，心灵健康的必备条件就是拥有一个持续和睦的家庭氛围。而**统一教育理念**，是家庭教育的重要前提，是基础的基础。

由于每个家庭的组成结构不同，所以家家有本难念的经。比如家庭关系的问题、文化程度差异的问题、经济能力不对等的问题、隔代教育的问题、单亲家庭的问题、重组家庭的问题、多子女教育的问题等，这些都需要每一个家庭从自身的家庭实际情况出发，不断地沟通、学习、摸索，提高自身，才有可能有能力去应对家庭生活中、工作中不断出现的一个又一个问题。

其实每一个人的人生都是不断解决问题的一生，而且问题从来不会按照什么顺序列队而来，而我们所有人就是在这个过程中逐步地体验、学习、历练、摔倒、受伤、爬起、疗愈、碰壁、掉头、崩溃、消沉、坚持、总结、改变，从而一点一滴地成长起来的。

家长学习须自觉

每个孩子降生时，都只是"无知"（别生气，这里的"无知"只是在表述一个客观的事实），但当孩子长大后居然会有的变得"愚蠢"了，我们不该想想到底是哪里、究竟是谁出了问题吗？

每一个孩子从出生之日起，就开始了学习。所以小孩子总是把能够抓到的物品送到小嘴巴里，去感受大小、感受味道、感受软硬、感受温度，听身边的声音，看视线范围以内的一切事物等。孩子通过哭来表达自己的需求，再不断通过哭声所带来的反馈去理解、去调整自己的表达；通过模仿学会说话，然后在成长的过程中不断地去听、去看、去接收。

所以，无论您是否承认，是否意识到，身为家长的我们都是孩子在这个世界上的第一任老师。

当孩子降生那一刻起，"自然而然"就成了家长的我们就已经不自觉地走上了一条学习的道路：我们学习分辨孩子的哭声代表的含义，学习如何抱孩子、喂孩子，如何拍嗝，如何治疗黄疸，如何选购孩子的生活用品，如何给孩子补钙，去哪里打预防针，如何办理出生证明，如何给孩子上户口，并绞尽脑

> 尽力,不是尽力而为,而是竭尽全力。

汁地给孩子起名字,等等。这一切都因为孩子的降生,我们忙着、累着,也快乐着。

<u>但这些还不够,远远不够。</u>

只有当我们什么时候意识到了,我们必须先成为那个不断学习的、不断进步的、充满正能量的、坚强的、温和的、耐心的、自信的人的时候,我们才可能真正地去通过**身教**,让我们的孩子因为我们受到潜移默化的正向的影响,因而茁壮、开朗、健康地成长,这个"健康"包含两个方面:一是身体,二是心灵。尤其以后者更为关键,就仿佛曹雪芹先生写的《红楼梦》一般,草蛇灰线,日久方可见其妙。

好习惯需要"浇灌"

一本书中有这样一个故事：

1978 年 70 余位诺贝尔奖获得者齐聚巴黎，会议期间有记者采访其中一位获奖者时提问：您是在哪所大学或实验室学到了您认为一生中最重要的东西？

白发苍苍的老者给出了一个令人愕然的答案：

在幼儿园。

记者愣了一下追问：那么您在幼儿园学到了什么呢？

老者说道：我学到了**要助人为乐；好东西要和小朋友们分享；不是自己的东西不可以拿；东西要摆放整齐；饭前便后要洗手；做错了事情要道歉；午饭后要休息；要仔细地观察大自然**。从根本上说，我学到的全部东西就是这些。

当我第一次看到这个小故事的时候，内心是深感震动同时又充满遗憾的。震动之处在于明白了其中的微言大义，遗憾之处在于看到这个故事太晚了，明白某些道理太晚了。

> 可怕的不是商品在涨价，而是自己一直在掉价。

助人为乐，是让我们成为善良的人，能够通过帮助他人获得快乐。

好东西要和小朋友们分享，是让我们养成分享的习惯，不小气、不抠门。

不是自己的东西不可以拿，是让我们从小懂得规矩，长大后才可能尊重法律。

东西要摆放整齐，是让我们从小学会有条理。

饭前便后要洗手，是让我们从小养成讲卫生的好习惯。

做错了事情要道歉，是让我们明白要勇于承担自己该负的责任。

午饭后要休息，是让我们知道劳逸结合，知道保重自己的身体。

要仔细地观察大自然，是让我们养成处处留心皆学问的习惯，注重细节。

现在看来，这些都是多么质朴、多么重要的人生道理啊，这不正是一个人最关键的人品之体现吗？

的确，作为成年人的我们回头看看，形成我们的性格、价值观、交友观的众多因素中，其实归根结底，皆是基于此而来，终难逃这些看似简单的点滴细节。

> 最值得信任的人，是相信命但不放任命的人。

现实中接触过很多的家长，大多数的家长都倾向于请人帮忙解决"**在孩子身上**"所产生的问题。家长们很难将孩子所产生的问题带入自身，去发现、去反思、去承认自己身上、自己的家庭当中存在着的问题。

我们都早已习惯了讨论错对，而忘记了去分析利弊。我还记得小时候看电视剧时，经常会问大人的一个问题就是：谁是好人，谁是坏人？然后在看电视剧的过程中，就盼着好人能够什么都好，等着看坏人最后得到应有的惩罚。

这样的思维方式一旦固化，我们将很难再去用开放的观点客观地看待这个世界。

在家庭教育中，没有放之四海而皆准的绝对道理，没有哪一句话是能够让孩子改变某个坏习惯的点睛之语。急于求成的是我们这些家长，冰冻三尺非一日之寒的道理我们会讲给孩子，却很少也讲给自己。

没有不爱自己孩子的家长，只是我们大多不知道该怎样去爱，怎样让孩子相信自己是被爱着的，怎样让孩子真切地感受到自己被爱着。

娇惯与**浇灌**这两个同音不同义的词语，正被我们大多数家长做得混淆了起来。孩子身上的**好习惯**，多来自父母的**浇灌**。

> 太晚了！我说的不是时间。
> 醒了吗？我说的不是睡眠。

孩子身上的**坏习惯**，多来自父母的**娇惯**。

成年人，遭的罪多了，能少一点，便算是幸福。而孩子，若是被宠溺得习惯了，一旦不能如愿便是认知的崩塌。

如果您的孩子不太尊重别人的感受，您有没有总是命令他，不太尊重他的感受？

如果您的孩子有些爱发脾气，您有没有很少关注他、很少夸奖他，从而他只能试图通过错误的行为引起您的注意？

如果您的孩子嫉妒心比较重，您有没有经常爱拿别的孩子和他做比较？（你学学那个谁谁家的谁谁，写作业多认真……）

如果您的孩子经常爱拿别人的东西，您有没有虽然给他买过很多东西却从没让他选择过自己真正想要的？

如果您的孩子常常表现得没有主见，您有没有总是在公开的场合教育、批评他？

如果您的孩子比较缺乏自信，您有没有给他的意见（不是建议）往往多过了鼓励？

如果您的孩子经常性地爱撒谎，您有没有曾经对他犯过的错误反应过激？

教育孩子不能靠**灌输**而是要**灌溉**，是种下种子，然后去浇水、去施肥、去除草、去驱虫、去给他**阳光**让他完成光合作

认同，是接受和承认彼此的不同。

用，去帮他扎根，根扎得越深才能吸取更多来自土地中的营养和水分。

我们父母可以做家庭中的一棵大树，为孩子遮风挡雨，这是我们的责任也是我们的心愿。但也需要明白，真正的大树下面是无法长出另外一棵参天大树的，因为遮风挡雨的同时也会遮挡了阳光和雨水。

作为家长，我们不能习惯了只跟孩子讲对错，而是应该去养成分析利弊得失的习惯。说前因、说后果、说假设，让孩子从中去思索应该如何处理才是更好的，类似的事情下一次应该怎样做，应该纠正哪些错。

夫妻和，孩子"兴"

现实生活中，孩子身上的所有问题，几乎都能在其家庭生活中找到形成的原因和源头。

我们来说一个大家耳熟能详的武侠小说里面的人物对比，看看不同的教育环境造成了怎样不同的结局。

金庸先生的著作《射雕英雄传》相信您不会陌生。我们现在就说一下其中的两个主要人物：郭靖和杨康。

> 郭靖的母亲李萍，基本属于无文化、无地位、无颜值的"三无"人士。但她教导郭靖要吃苦耐劳、要讲义气、要自强、要不忘本、要记得为父报仇。
>
> 郭靖，为人木讷憨厚、智力相对比较平庸。基于此，师从江南七怪，苦练武术基本功，正因为知道自己笨，靠勤能补拙打下坚实的基础，后学九阴真经、降龙十八掌，超越众多惊才绝艳之辈，领袖群伦。
>
> 杨康的母亲包惜弱，基本属于白、富、美类的人物，为人善良但也懦弱，正因其慈母多败儿，造成了杨康枉顾国仇家恨，为求名利甘愿认贼作父。

> 大树，可以为树下的小草遮风挡雨，但也能让小草难见天日。

杨康，属于当今的高、富、帅类人物，但其武功华而不实，才智有余而**德行**不足，终于害人害己，以悲剧收场。

后郭靖为杨康之子起名为：杨过，字改之，即取"知过能改，善莫大焉"之意。

您看，郭靖与杨康这两个人物从家庭教育的角度来看，形成了多么鲜明的对比。从结局倒推回去，我们看到了起因，也就更能理解和接受其人物的结局。所以，"家庭教育"这四个字，重要的前提是"家庭"，其次才是"教育"。一个家庭的整体生活氛围，思想的高度，眼界的宽度，解决问题的态度，相处的和睦程度，等等，这些才是真正的"家庭教育"的坚实基础。

这些就需要我们暂时把焦点回到"父母"的身上来了。

通过夫妻之间的年龄差距，文化差异，经济能力，成长的家庭环境，人生观、世界观、价值观三观的差异，因而形成的对待孩子的教育问题的看法是否能够达成大致的统一，成了家庭教育的最为关键性的核心问题。

我们经常能看到因为夫妻一方在教育孩子时，另一方或其他家人因为心疼或因为没有达成共识而出来庇护孩子的事例。

> 告别时说的保重，是记得**保**护好你最**重**要的，更是记得**保**护好自己，因为你是我最**重**要的。

这样就容易造成孩子的无所适从，造成孩子闯祸后因为有所依仗而不知悔改，教育的即时性不得已延后，错失良机，严重时甚至爆发家庭矛盾和冲突。

所以在关于教育孩子的问题上，夫妻之间、家人之间应该有非常深入且正式的沟通交流，直至大家达成基本共识：**哪些事是在不可接受范围之内的，哪些事是必须立即制止或纠正的，又有哪些事是需要给孩子提出意见或建议的**；当一方在跟孩子沟通的时候，另一方应该采取什么方式予以配合。

因为孩子的性别不同，夫妻之间在某些敏感问题的处理上需要提前做好合理的分工。关于孩子身上发生的事，尽量做到事无巨细地夫妻信息共享，确保夫妻双方均能及时了解关于孩子的生活点滴，这样无论谁在和孩子沟通时，都可以做到言之有物、有的放矢。让孩子切身去感受爸爸妈妈之间没有秘密，爸爸妈妈虽然是两个人却是夫妻一体，这样会非常有利于让孩子的内心获得潜意识里的安全感。我们可以这么讲：**夫妻关系，是家庭教育中最重要的核心关系，没有之一**。

为什么越有本事的男人越尊重妻子？因为他，不需要在妻子的身上**找尊严**。

为什么越是聪明的妻子越尊重丈夫？因为她，不需要在丈

> 能治愈您的从来不是时间,
> 而是明白。

夫的身上**找存在**。

夫妻关系对孩子的内心是否具有安全感,起着最为决定性的作用。夫妻关系和睦家庭的孩子,会对于家有着极强的归属感,并从中获得潜意识里的安全感。这样的孩子在家庭生活中会非常愿意展示自己,愿意与家人进行主动性的沟通,其表达意愿和表达能力均会不断获得提升,从而更容易拥有自信,外在的表现就是俗话说的,会比较有"闯劲儿"。

夫妻关系会极大地影响着孩子未来的"婚姻观",而这一点是绝大多数的父母从未曾想过或未曾意识到的。

举一个小例子:

> 某个家庭有三个儿子,爸爸对妈妈有家暴行为,无论是生意不顺、赌博输钱还是喝醉酒后,经常在不回避孩子的情况下对孩子的妈妈拳打脚踢。孩子们多次劝说无用,只能痛哭流涕而不知所措,妈妈因为没有经济能力,又想着要给孩子们一个相对完整的家,一直委曲求全、"忍辱负重",到最后包括孩子在内的一家人就都已经麻木到习以为常了。
>
> **大儿子**的想法是:**等我长大以后娶了媳妇,一定要好好疼爱她,我绝对不会成为像爸爸这样的人。**

> 三生万物的三，是您的道德三观。前途无量的量，是您的容人之量。

二儿子的想法是：等我长大以后坚决不结婚，因为结婚没意思。

小儿子的想法是：等我长大结了婚以后就可以跟爸爸一样，不高兴了就能拿自己媳妇出气了。

请问：您会希望您的孩子成为拥有哪一种想法的孩子呢？
…………

那么，您需要怎样去做，才能**确保**让您的孩子拥有您所希望的这种想法呢？

友情提示：

> 如果您曾经对妻子家暴过，我想说，人的痛苦，本质上都是对自己无能的愤怒！而将这种愤怒施加在女性身上，只能进一步证明您的无能。如果您的先生曾经对您家暴过或您仍在经历家暴，请不要容忍，因为您不是在容忍而是在纵容。

夫妻关系会深深地影响到孩子在未来人生中的自我情绪管理能力。情绪管理的重要性相信您一定明白其分量。夫妻和睦的家庭，幸福而温馨，孩子生活于其中，情绪会较为稳定和舒缓，自然不太容易脾气暴躁，长大后也很少会因为一时冲动而

> 若要家中孩子这朵花开，需要家长先想开。

做出比较过激的行为。

夫妻和睦的家庭，一定是在沟通方面有着非常良好的具有包容性的互动，孩子朝夕相处中自然耳濡目染，性格上就不会过于强势也不会过于懦弱，因为孩子会相信一切问题都有其沟通的方式和解决的办法。这种信念会贯穿孩子的一生，而这，将会成为孩子人生中宝贵的财富。

夫妻之间是否能够和睦相处，取决于很多个方面，古时候"门当户对"的婚姻观念，正被越来越多的当代人所重新认可。究其原因是人们发现，门当户对其实是一种价值观的相对吻合，而这在夫妻长期相处的过程中会起到十分关键的作用。门当户对意味着夫妻双方原生家庭的经济水平基本一致，这就保证了夫妻双方对于金钱的认知和生活水平基本处于同等状态。门当户对还在侧面保证了夫妻双方的文化水平不会有太大差异，说白了看待这个世界的眼界和方式不会有太大反差。那么在实际生活中解决问题的观点和角度也就更容易贴合，产生矛盾的概率自然也相对下降了许多。

而且不可否认的是，在夫妻关系中，门当户对对夫妻双方对这个世界的"认知"、对待金钱的看法、对他人的尊重程度和包容程度，以及双方的沟通方式和能力具有着决定性的影响。

> 总有一些人，让人想到就能心安。愿您在朋友眼里、爱人眼里、孩子眼里，皆是。

同时，夫妻间是否"有话说"，是否具有一定的感情基础，兴趣爱好的差异性大小均至关重要。

当今社会，那些只是因为到了结婚年龄而去相亲，去被介绍相识的异性，第一就缺少了感情基础这个重点，那么兴趣爱好的吻合程度和文化差异程度就决定着两个人是否聊得来、合得来。而对待金钱的看法，消费观念的不同程度，也决定着未来双方组成的家庭的稳定程度。

当今社会环境中，男女对于"婚姻"二字的理解各有不同。有的是因为爱情，自然而然地结合到一起；有的是因为到了世俗眼光中的适婚年龄，所以被迫走进婚姻；有的是因为同龄人都结婚了，"我"当然也要给自己找到归宿而走进婚姻；有的是为了给自己找到一个长期饭票的想法，而选择走入婚姻；更有甚者，对待婚姻是种无所谓的态度，怀着结就结、不行就离的想法而走入婚姻。

目的性不同，结局必然不同。

离婚率越来越居高不下的当下，可以说是因为人们的思想越来越开放了，不再委曲求全地生活了。也可以说是对于婚姻的信仰程度越来越低了，婚姻变得不如从前那样神圣了。越是这样，人们在婚姻生活中出现问题的时候，在解决问题的心态

> **家庭教育七字真言**：超乎寻常的耐心。

上就会出现很大的偏差。**说白了，不是婚姻变得易碎了，而是真正愿意相信婚姻的人变少了。**

所以社会中的离婚人士、单亲家庭、再婚家庭变得越来越多，这些都造成了越来越多的关于下一代的教育难题。

> 成年人的世界很难、很难，
> 成年人的世界最难的就在于，
> 在成年人的世界里，
> 真正的"成年人"太少了！

这段拗口的话，您看了后是什么心情？是不是摇了摇头却又不得不在心里慨叹了一声：是啊！

所以，身为家长的我们最该做的事情，是先让自己真正地长大起来！

家长层次的金字塔

若是我们来给家长划分层次的话，那么最下面的层次就是：**肯为孩子，花钱**。事实上绝大多数的家长也正是这样做的，当然这并不代表着这些家长不愿意做得更多，只是不知道如何做才是对的、好的。自然其中也不乏有人是因为觉得花了钱就足够了，赚钱不易，承担生活里、工作中方方面面的巨大压力就已经压得很多人喘不过气了。

再向上一个层次是：**肯为孩子，花时间**。相对而言，这一点自然是绝大多数的妈妈做得更好。但这里肯为孩子花时间并不只是指陪着孩子，而是指陪伴孩子。陪伴的意义在于，家长是真正地、全身心地投入和孩子在一起的时光，陪孩子做孩子感兴趣的事，做看起来幼稚的游戏，而不是在孩子看电视或玩游戏的时候，只是坐在旁边，更别说还在抱着手机做自己喜欢的事儿了。因为工作、出差、应酬等原因，大多数爸爸很难有很多时间待在家里，但作为爸爸的我们要明白，这并不意味着因此我们就不能给孩子"高质量"的陪伴了，在每一次有限的陪伴时间内，我们依然可以做得更好、更多的。

多花**力**气，化解**戾**气，成为**利器**。

再向上的一个层次是：**肯为孩子，学习**。这里的学习包含了两个方面：一个方面是知道了自身对于家庭教育领域知识的匮乏，为了孩子，有意识地参与到相关内容的学习当中，努力提高自己；另一个方面是明白了父母是孩子的榜样的真正意义，在家庭生活中把学习作为一种不可或缺的日常行为，比如在孩子写作业和学习时陪同看书或处理书面工作，每天定时观看新闻联播，养成每天读书的日常习惯等。身体力行地以身作则，通过身教去陪伴和影响孩子。

再向上的一个层次是：**肯为孩子，改变**。这个层次的父母已经意识到了自身会对孩子的人生造成的方方面面的潜移默化的影响，为了培养孩子，开始有意识地学习家庭教育方面的专业知识，并且对自身认可的相关内容和具体方法愿意做出实际的行动。明白了"改变"两个字的真正意义是"**我先改，家后变**"的人生真谛。而且这个层次家长的学习内容并不仅仅局限于家庭教育的领域，这类家长开始重新思考人生的真正意义，如何让孩子拥有更加幸福和更加精神富足的人生，如何让自己能够跟得上孩子的成长步伐，如何实现自身的人生价值等。

再向上的一个层次是：**肯让孩子成为"他自己"**。这个层次的父母已经明白了每一个孩子都是独一无二的，不会再用过

> 胜心魔，即是佛！

于功利性的角度去评价和替孩子规划未来。而是努力通过引导去挖掘和发现孩子真正的兴趣之所在，支持并鼓励孩子去勇于尝试不同的事物。不再以同龄人的听话和所取得的成绩来要求、刺激自己的孩子，而是让孩子切实感受到来自父母的"尊重"，这一点对于父母子女之间形成健康良好的沟通起到了非常关键的作用，极大地促进了孩子独立思考能力的提升和自信心的建立健全。这将在孩子未来的人生中起到不可估量的积极作用，将是孩子未来抵御人生风雨的信心来源和坚定信念。在不断真正帮助孩子去成为他自己的过程中，父母也在不断地随之进步、成熟，生活重心也会不再都过分关注于孩子的身上。这个层次的父母会更加感恩自己的父母，而对于长辈的孝顺也一样会更加潜移默化地让孩子感受到：**孝道是一个天经地义的道理，是不需要通过讲道理去让人明白的道理**。孩子也会更加尊重父母，会在内心真的将父母当成可以倾诉的朋友，愿意主动地沟通和征求建议，这都是家长对孩子的尊重和将心比心唤来的（对，不是交换的换，而是呼唤的唤，那是来自心灵的声音）。而这，是多少父母求之不得、苦恼不已的事啊！

三 xiǎo 家人

我们从小看过最多的一句标语，在老师口中听过最多的一句话一定有这句：**好好学习，天天向上。**

其实这句话应该有一个前提，那就是：

家长，好好学习，
孩子，天天向上。

能明白我想要表达的含义吗？

因为只有身为家长的我们不断地学习，提高自己，扩展格局，才能在孩子的成长过程中给予更多有效的帮助和引导，才能更加明白怎样去做才是真正地为孩子好。

爸爸的英文是：Father。

我给这个单词做了分解，赋予每个字母一个含义，看看您是否同意：

F = family　　　　（家庭）

A = action　　　　（行动）

T = teacher　　　　（老师）

H = hero/help　　　（英雄/帮助）

> 天底下最好的无本生意，就是从别人身上学东西。

  E = every time   （无时无刻）

  R = responsibility   （责任）

  对于一个家庭来讲，爸爸应该是一个行动派，应该是家庭经济能力的决定性因素，应该是妻子心目中、孩子心目中的英雄，应该是孩子一生的老师，他的身上承担着难以回避的义务和责任，其对整个家庭的影响时刻存在着。

  妈妈的英文是：Mother。

  我也给这个单词做了分解，赋予每个字母一个含义，看看您是否同意：

  M = maid   （女仆）

  O = origin   （起源）

  T = teacher   （老师）

  H = hope/help   （希望/帮助）

  E = every time   （无时无刻）

  R = responsibility   （责任）

  对于一个家庭来讲，妈妈是这个家庭的起源，是孩子生命的起源，是整个家庭的女仆（女仆两个字没有贬义，而是在描述大多数家庭中真实存在的一个客观事实），妈妈应该是孩子一生的老师，应该是孩子遇到困境时第一个想到的那个希望，

> 我要你知道我爱你，我也很想要你爱我，但我最想要的是，你爱你。

应该是无时无刻不在照顾家人的存在，她承担着给予整个家庭温暖的责任。**是妈妈，让家之所以是家。**

爸爸和妈妈的英文分解中有三个词语是重复的，分别是：**老师、无时无刻、责任。**

这三个词语重复的含义就在于，任何一个家庭都不可能只靠某一方单方面的努力，一个家庭本来就是因为夫妻两个人走到一起而建立，所以家庭的和谐幸福必须要靠夫妻之间阴阳互补，合二为一，夫妻双方均要牢记自己身为孩子的老师的责任，牢记自己无时无刻不在影响着孩子、影响着整个家庭。

我总结了一个相对便于记忆名字的概念叫作"三 xiào 家人"。这个三 xiào 指的是：

孝道的**孝**，笑容的**笑**，效果的**效**。

想让您的孩子是一个懂得孝道的人，最好的方法无疑是我们自己先成为**孝**顺之人。

想要达到良好的教育**效**果，记得请先面带**笑**容。

切记：**您要表达的是情绪，而不是带着情绪去表达。**

承认问题的存在

如果一杯水被一滴墨水浸染，要如何还原？

除了用难以解释的通过化学的方法去中和、还原外，我们能想到的最有效的方法就是不断地加入清水，不断地冲洗、稀释，才能够让这杯水慢慢变得越来越清澈，慢慢回到原本透明、干净的样子。

但如果这杯水是我们的孩子呢？

这就是在这杯水被墨水浸染的情况下，我们无法直接选择将这杯水倒掉，再重新接一杯的原因。

> 孩子就像一只洁净的玻璃杯，拿过的人会在上面留下手印。有些父母把杯子弄脏了，有些父母把杯子弄裂了，还有的父母将孩子的童年摧毁成了不可收拾的碎片。

这是写在美国作家米奇·阿尔博姆的《你在天堂里遇见的五个人》中的一段话，现实、深刻且触目惊心。

因为每一个孩子都无可替代，所以这杯被浸染了的水，唯

愿您每日照镜，即见君子。

有通过持续不断地加入新的干净的水去稀释还原。也就是说面对出现了心理问题、心理疾病的孩子（好比被弄脏、弄伤、弄碎的杯子），身为父母者，我们只能通过持之以恒的温暖的爱，以超乎寻常的耐心慢慢地去让孩子感受到被关注、被爱，等到孩子愿意敞开心扉，通过不断的、有效的（有笑的）沟通，才有可能慢慢地疗愈孩子内心的创伤。冰冻三尺非一日之寒，所以请不要寄希望于孩子在某一天通过年龄的增长，通过自己想明白，突然间得到自愈。

在现实生活中，在我经手的众多心理咨询的真实案例中，有太多类似的情况：**家长根本不明白自己的孩子怎么就会心理有问题了，好好的孩子怎么突然成了今天的这副模样了**。孩子的不开心和种种反常的表现，一直未能给父母敲响警钟，所以孩子才会慢慢关上了心门，慢慢拒绝沟通，最后变得无法沟通。

解决问题的首要原则是：**承认问题的存在**。

很多家长不愿意承认自己的身上存在问题，或者说不愿意相信自己的身上存在问题，不愿意接受心理咨询，不愿意去看心理医生。这样的后果就是：**孩子在产生心理问题的初期错过了最佳的沟通时间，错过了心理干预的有效时机**。

> 所谓**感觉**,应该是种通过情**感**让**人觉**醒的东西。觉醒到责任、担当、付出……

所以如果说给孩子读故事,是为了哄孩子入睡的话,那么我写这本书的一个目的,就是将一些家长唤醒。

爱的正确表达

好情绪，是资本；坏情绪，是成本。

如果您要说情绪并没有好坏之分的话，那么我相信您会同意，控制情绪会是每一个人的人生必修课这句话。

如果一个人能够很好地控制、调节自己的情绪的话，毫无疑问这会成为他不断增值的人生资本，因为这会成为他人际交往中强大的优势，会助力他在关键时刻做出冷静的判断，从而做出客观的决策。反之，一个无法控制自己情绪的人会是冲动的代名词，终将有一天会为其冲动付出很难挽回，甚至无法想象的代价。

人间最简单的至理，就是记得保持理智。

夫妻，是一男一女走到一起。不知道您的居住地有没有什么方言用来称呼夫妻的？比如两口子：

两口子，一口子是丈夫，一口子是妻子。

两个口字可以组成过日子的日字：

口 + 口 = 日

还应该组成忙碌了一天后，想回家的回字：

> 大器晚成的前提是持之以恒！

口 + 口 = 回

您想过吗？或许这才是两口子之所以叫作两口子的真正含义。

还有一个形容夫妻的词语叫：人生**伴侣**。

伴字，有个**人**，有个**半**。

侣字，有个**人**，有个**吕**。

这不就是在告诉着我们，伴侣应该是两个独立的**人**走到一起组成家庭，互为彼此的一**半**，成为别人眼中值得羡慕的**两口子**嘛！

您知道近年来在我国哪一天登记结婚的人数最多吗？

是 2013 年的 1 月 4 日。

为什么呢？

因为大家喜欢数字 2013、1、4 谐音中所包含的寓意：**爱你一生一世**。

我们来做一道数学题吧，如果把这几个数字单独相加：

$$2 + 0 + 1 + 3 + 1 + 4 = 11$$

如果我们把这个加号（+）理解为索取的话，那么通过加法运算得到的数字是 11，可以得到这样一个结论：

夫妻之间，如果只知道不断地向对方索取，希望对方给自

> 破万卷书，是破心中之贼；
> 走万里路，是让阅历走心！

己的再多些、更多些的话，最后的结果很可能就是 11。记得民间把 11 月 11 日叫作什么日子吗？光棍节。对，只知索取，不知付出、不懂感恩的婚姻，最终走到分手的结局是一点也不会让人感到意外的。

那么如果我们再把这几个数字单独相减呢？

$$2 - 0 - 1 - 3 - 1 - 4 = -7$$

通过减法，我们得到的数字是"负七"。

所以不断地做减法的才是"负七"，才是"夫妻"的真正意义。

这个减法的意义就是在告诉我们：**不要向对方索取更多，而是自己去主动付出，先认真做好自己，夫妻协力才能让整个家庭欣欣向荣、如沐春风。**

夫妻，应该是互相"**扶起**"的两个人，不应该是相互"**负气**"的两个人，而明白了这个道理才是夫妻最大的"**福气**"！

不要让夫妻成为敷衍的"**敷**"，欺负的"**欺**"！

夫妻本当一体，这个一体应该是合二为一的一，互相体谅的体。这种道理总是知易行难，但幸福本来就没有那么容易，否则我们的幸福也就会变得没有那么的幸福了。

爱，不该只是一种表达，而更应该是一种能力。通过能力

> 希望有一天"你好"两个字，
> 不只是打招呼，也是祝愿！

去体现、去验证什么才是真正的爱。

就像"爱"的英文是：LOVE。

L	= listen	（倾听）
O	= obligate	（感恩）
V	= valued	（尊重）
E	= excuse	（宽恕）

将这四者兼而用之，方为爱也。

父母与孩子之间，无法割舍的叫血脉。

但世间唯一比血脉更加坚固的东西就叫"爱"！

要让爱，成为一夫当关、万夫莫开的关隘；不要让爱成为阻碍的碍，不要让爱化为无奈叹息声中的唉。

我们不得不承认当今社会的诱惑实在太多了，更不得不承认被诱惑主要还是因为内心不坚定的人更多了。有这样一句话，不知道您是否认同：所有破碎的婚姻、分手的恋人，会有各种各样的理由，但所有的原因里都会有这样一个主因，那就是爱的——还不够！

这个时代并不是没有爱情了，而是真正相信爱情的人变少了，从一而终的信念不够坚定了，愿意为了爱情全力付出的人、愿意改变自己的人变少了。

> 人生就是，小时候学习何解，
> 长大后学会和解！

那些无法实现的爱情，最后都败给了一句现实了。

更可悲的是，这样的观念会不自觉地传染给更多的孩子，那么未来我们的孩子如何能相信爱情，并能够在爱情中去获得原本属于他们的幸福呢？！

教养 > 穷养&富养

有这样一句话想来您也不会陌生：

穷养儿，富养女。

这句话本身并没有问题。

只是我们要搞清楚一件事，那就是在这句话里什么是"穷"、什么是"富"。这句话并不是说，生了儿子就要为了培养他的艰苦朴素能不花钱就不花钱；而生了女儿就应该娇惯着养大，有多少钱就给她花多少钱。

穷养儿，"穷"的应该是儿子的——**意志**。

富养女，"富"的应该是女儿的——**精神**。

对于儿子，我们应该多陪他进行体育活动，比如球类运动、游泳、跑步、爬山等，去锻炼男孩子的体力、耐力、毅力，以期让他能够拥有坚韧不拔的意志品质，能够拥有朝气蓬勃的精神面貌，能够拥有作为一个男人应有的，在当今社会较为缺乏的阳刚之气。而这才是"穷"养儿的真正意义之所在！

对于女儿，我们应该多让她感受妈妈的温婉、多让她感受爸爸的儒雅，多陪她读书、画画、看电影、听音乐，当然也要

> 有一种"装"值得称赞,那就是心里**装**着别人!

进行她感兴趣的体育活动,但更要注重的是培育她拥有丰富的精神世界。这样长大的女孩才会更加独立、更加自信,也会更加善解人意。而这才是"富"养女的真正意义之所在!

比起穷养、富养更重要的是,**教养**!

家长要懂"玩"

很多家长都困扰于自己的孩子总是贪"玩",不知道应该如何进行正确的引导。我们先来看看这个玩字吧:

玩字,左为王,右上为二,右下为儿。

想象一下,两个或两个以上的孩子在一起玩耍的时候,总会有一个小头头,我们习惯称之为"孩子王"。

我们用这个孩子王,代表玩字中的王。

用两个或两个以上,代表玩字中的二。

用一起玩耍的孩子,代表玩字中的儿。

这个孩子王,并不是我们家长事先指定的,也不见得一定是其中那个年龄最大的、个子最高的,那么这个孩子王是如何

> 刷牙时，记得刷掉脏话；洗脸时，记得洗掉虚荣。

出现的呢？

您小的时候当过孩子王吗？回忆一下，这个孩子王，好像是这群孩子里最有"主意"的那个，最终拍板决定大家一起玩什么，怎么玩，谁和谁一伙，他需要制定或解说游戏规则，协调小伙伴们之间的情绪和关系。如果玩了一会儿有小伙伴不想玩这个游戏了，他还要想办法去劝说回来，或者尊重小伙伴的意见一起投入另外一个游戏。这个孩子王就像万金油一样，能够很好地把小伙伴们融合在一起，往往等到他要回家吃饭或者回家写作业了，基本上小伙伴们也就随之而散了。

您想要您家的孩子成为这个孩子王吗？我想，大多数家长都会说"想"吧！那么成为孩子王需要什么样的条件呢？我们细想一下，这不就是孩子在"玩"中锻炼出来的号召力、交际能力、沟通能力、协调能力、亲和力和领导力等能力吗？

孩子通过游戏、玩耍积累着经验，感受着社交，这些经验对于孩子建立对世界的认知极其重要。

那么，我们是否需要重新看待孩子们在一起玩的这个"玩"字呢？孩子爱玩，是天性。别忘了身为家长的我们也曾经是个孩子，其实现在也依然是。所以，我们需要的是重新看待玩这件事，陪着孩子一起玩，最好是让孩子带着我们一起玩，这样

> 有人只知，一天有早晚；有人坚信，早晚有一天！

我们才能真的去体会孩子角度的世界，明白真正吸引孩子的乐趣是什么。

孩子在玩耍中能体会"**友谊**"，家长想要的却是能够"**有益**"；所以，在家庭教育的领域，能够不**功利**反而是一种**功力**。

您家里的孩子有没有跟您说过：爸爸/妈妈，陪我玩一会儿好不好？而当时的您也许在忙，也许没有这个心思，也许随口说了一句"等会儿"。其实，孩子找您一起玩，是内心中感受到了孤单，玩什么对他也许根本不重要，他只是想要您能参与其中，那就是孩子最希望得到的陪伴和爱了。

说到玩，还忍不住要加一段在我的另一本书《字悟人生》中的文字：

> 孩子们，拿玩具当朋友。
> 那份天真，让人见了就觉得心中一**软**！
> 大人们，拿朋友当玩具。
> 那份功利，让人想起就不觉**硬**了心肠！

您知道为什么孩子都喜欢玩**捉迷藏**这个游戏吗？

表面原因看着好像是因为孩子是开心于能够不被找到的窃喜，但其深层乐趣是源自孩子确信，**有人一直在寻找着自己**！

三年学说话，一生学闭嘴。
闭嘴，并不是不说话，而是止息
妄念，别做那个吵赢了的输家！

所以请尽量多陪孩子玩一玩捉迷藏的游戏，这个游戏能让孩子感觉到您对他的在乎，也能让孩子慢慢了解到哪怕暂时看不到您，您也一定会再次出现的。孩子在孤单时的这种信念，会是他最强大的安全感。

处处皆教育

接下来我们来看个事例：

>周末我们带着孩子去爬山，到了半山腰的时候，孩子却突然蹲下身子看**蚂蚁搬家**看了很久，怎么叫也不动地方。耐心欠缺的家长就会连哄带吓地拽着孩子继续登山了。结果孩子不开心，家长也一肚子气，其实静下来想想，何必呢！爬山的目的是为了什么呢？可以是为了锻炼身体；可以是为了让孩子登上山顶后能够一开眼界，俯瞰山下的美景；可以是为了陪伴孩子度过一个有意义的周末。但相信没人会否定让孩子"开心"这个不可或缺的目的吧？

很多家长会觉得孩子爱看蚂蚁搬家，是因为孩子年纪小所以幼稚，错了。孩子是单纯，不是幼稚。反而是我们这些所谓的成年人已经很难在简单中得到快乐、感受到快乐了。孩子喜欢新鲜的事物，在孩子的眼睛里，蚂蚁是一种比自身还小的可爱的小虫子，它们忙来忙去是在干什么呢？

> 当您有了血脉的延续，也别忘了文脉的传承！

别忘了：好奇心，本就是最好的老师！

既然我们带着孩子出去玩，就是为了让孩子开心，那么孩子在看蚂蚁搬家时已经很开心了，我们为什么反而要去破坏这份开心呢？说穿了，是我们这些家长年纪大了，但也无法避免地变得功利了，我们做事更讲究一个目的性。说好了爬山，于是爬山就变成了我们家长**下意识**地觉得必须完成的任务了。忘记了初心的人，难道不是我们家长吗？

其实，在孩子兴趣盎然地看着蚂蚁的时候，正是我们有效陪伴的最佳时机，也可以是"教育"的最佳氛围。

我们可以一边陪着孩子看蚂蚁，一边告诉孩子蚂蚁的英文是 Ant。我们可以告诉孩子：蚂蚁分为蚁后、雌蚁、雄蚁、工蚁和兵蚁。全世界共有已发现的蚂蚁 15000 余种，而在中国有 600 多种。蚂蚁是典型的社会性群体，分工明确，就好像我们的人类社会一样。蚂蚁还可以作为一种药材，按照不同的用法，具有补肾益精、通经活络、解毒消肿的功效。关于蚂蚁有"千里之堤，溃于蚁穴"的成语，这个成语的意思是：万事要从小事做起，不要小看了细节的重要性。还有"热锅上的蚂蚁"这样的俗语，热锅上的蚂蚁是形容人烦躁、焦急的样子。

我们还可以告诉孩子：蚂蚁看着小，却是名副其实的大力

> 家长当然要让孩子知道认错，但我们也该告诉孩子别认命，尤其别指望通过孩子改变您的命运！

士，因为它可以举起是自身重量约 400 倍的物体，可以拖拽是自身重量近 1700 倍的东西。

等我们回到家还可以用电脑上网（电脑或平板或手机，这里就是在潜移默化地告诉孩子，电子产品的用途其实是帮助我们学习用的）查一下蚂蚁触角的功用：据说呀，蚂蚁的触角就好像雷达一样，可先进了，蚂蚁就是靠着触角跟同伴沟通说话和找到家的呢！

我们也可以当时就拿出手机一起查一查蚂蚁的百科知识，让孩子坐在我们的腿上或身边以免着凉，还可以把水杯递给孩子，让孩子一边喝水一边和我们看手机上的资料。是不是想一想都觉得这也是一幅很温馨的画面呢？

当然会有家长说了，这些知识连我也不知道，怎么教孩子呀？是啊，我们都不知道怎么教孩子呢？您看，人生中，**很多问题的本身，就是答案。**

真正的教育往往都不是在很正式的教育氛围之内完成的，而且往往这时的话语和道理才能真正走进孩子的心里。

给孩子做好榜样

很喜欢列夫·托尔斯泰的一句名言："**教育孩子的实质在于教育自己，而自我教育则是父母影响孩子最有力的方法**。"

看似是父母在养育子女，但换个角度去看，又何尝不是孩子让我们见证着一个生命的成长，让我们更加意识到责任，去学会如何照顾人，去体会自己小的时候，我们的父母为了照顾我们又曾经付出过些什么呢！所谓的不养儿不知父母恩，大概便是这个道理了。

言传、身教，以其后者更加重要，因为言传为虚，而身教为实，孩子未必听得懂大人说的很多个道理。要孩子耳朵里听得进、心里装得下道理很难，但是孩子对世界最好奇，更容易通过眼睛记住这个世道的大致模样，看似比较浅显，黑白分明，稚嫩却又尤为可贵。就是在父母或亲人的潜移默化下，自己都浑然不觉间，点点滴滴、月月年年，孩子心中的世界就慢慢地定了型，而且很难更改。这些都是在父母的不经意间形成的，所以我们才会说，如果您的孩子出现了问题，请试着从自己的身上寻找原因，相信一定会有迹可循。

> 灵魂是什么？虚无缥缈的！
> 对于一个家庭来说：妈妈就是。

所以好些个看似长大成人后，一些令人感觉莫名其妙的举动，其实早就有据可查。在一个打磨器型的关键时刻，父母的言行至关重要，一句做错了事却骂不到点子上的训斥，或是明明做错了，却干脆就觉得自家孩子年纪太小，选择视而不见的行为，最后都会是害人害己害子女。所以我们家长要对孩子有赏有罚且分明，要学会给子女立规矩，才能让孩子在规矩之内成长，长大后才不用法律去替我们管教孩子。

别让孩子过于"**依赖**"父母家人，因为当这份可以依赖、能够依赖，在某些时候慢慢变弱、慢慢变无之后，依赖无依，依赖就可能悲哀地变成了"**无赖**"！

耳濡目染这四个字最是容易被我们视而不见，因为司空见惯而熟视无睹是现实中绝大多数人的真实现状：

我们总是在教育的下游，抗洪抢险；

而忘记了在教育的上游，植树造林。

防患于未然，需要的是身为父母的我们真正不断地跟着孩子一起成长，只有当我们自身养成了良好的生活习惯，能够很好地控制自身的情绪，能够将工作与生活分开，能够拥有乐观的心态，不停步地去成为更好的人，才能真正在日常生活中随时随地给孩子以正向的、良好的影响。

鼠目寸光说的不是鼠,是你。
坐井观天说的不是蛙,是我。

举个例子来说,孩子突然间的无理取闹,大多数其实是因为想要获得您的关注罢了。就像我们成年人**说着再见,却想被挽留;说着祝你幸福,却更想亲手给对方幸福**是一个道理!

家庭教育的因果关系

举个看似有些搞笑的小例子,您试着体验一下什么是家庭教育的**因果关系**。

您家所住小区通往隔壁小区的一堵墙突然塌了,您都没有去过那堵墙的附近,我却说那堵墙是因为您所以才塌了的,您相信吗?不信,请看:

假设您是一位先生,前天晚上您下班回家,因为在公司被主管没头没脑地批评了一顿,心里憋了一肚子气,心情非常不好。所以一进门您就不高兴,草草地洗了洗手,在吃饭时您食不知味,脑海里还在想着被批评的事。爱人发现您举着筷子发呆,就随口说道:"拿着筷子不动,胡思乱想什么呢你?"还停留在被批评情绪里的您,一下子就火了,发泄似的用筷子在菜盘里搅了搅,怒气冲冲地说:"催、催、催,吃个饭也不让人消停,你这菜炒的是打死卖盐的了吗?"爱人听了这话也一时火大了起来:"我这一天从早忙到晚,伺候完小的伺候老的,你还挑三拣四,一进门

> 善良的人,未必有钱。善良的人,最是值钱!

就没鼻子没脸的,不好吃,你怎么不自己做去?"话赶话越来越生气的您把筷子一扔,蹬上鞋,拿起衣服和手机就摔门而去,找朋友出去喝酒撸串去了。爱人这时也没心情吃饭了,无精打采地走到写作业的儿子房间,看到儿子的作业本铺在眼前书桌上,手里却根本没拿着笔而是拿着手机,顿时气儿不打一处来,抢过手机后把儿子狠狠地骂了一顿,最后撂下一句:今天写不完作业就别吃饭也别睡觉了。本来正在手机上看老师发的作业要求的孩子百口莫辩,委屈得一下子哭了起来。这时候脚下的小狗凑了过来,不解地蹭着小主人。正委屈的儿子下意识地一脚把小狗踢出老远,趴在桌子上痛哭了起来。丈夫有火,跟妻子发脾气;妻子有火,跟儿子发脾气;儿子有火,跟小狗发脾气;那么小狗怎么办呀?于是,在当天晚上和第二天遛狗的时候,家里的小狗就开始发疯了一般地去追着小区的猫咬。小区的猫都蒙了:我们这是招谁惹谁了呀?那么猫火了,又找谁发泄呢?对了,老鼠。于是小区的猫都疯了一般地开始追着小区各处隐藏的老鼠咬了起来。最后老鼠也都崩溃了:招谁惹谁了呀,这个小

> 婚姻，不是饭票，不是依靠。而是你我人生中自主选择家人的机会！

区是没法待了。老鼠们开始呼朋唤友地集体大逃亡了。老鼠要偷偷地逃跑怎么办呢？不敢走大门，老鼠最大的本事是什么呢？打洞。于是，通往隔壁小区的墙被老鼠们钻了一个个的洞后轰然倒塌了。归根结底，这堵墙的倒塌，是您造成的……

可笑吗？

当然可笑，但这件事您静下心来想想，其实，这不就是一种因果关系吗？

我们每一天都在不知不觉地以各种各样的方式，或多或少地、或大或小地影响着这个世界，影响着身边的人，当然也包括孩子和孩子的世界。这种看不见的"教育"才是在真正地影响着孩子性格的形成，影响着孩子看待、对待这个世界的方式。

希望通过这个看似荒唐的小故事能给您以警醒，引发您的思考：**我们究竟该以什么样的自己去存在于我们的孩子的世界？**

家长的起跑线

有这样一句话被当今大多数的家长奉为圭臬：

不让孩子输在起跑线上。

这句话不是谎言，只是用错了对象。

因为不让孩子输在起跑线上，并不是说我们要使劲地去折腾我们的孩子，而是应该要使劲地折腾我们自己。因为我们孩子的起跑线正是我们家长，是我们家长的**经济能力**、是我们的**学识修养**、是我们的**道德三观**、是我们的**眼界品位**，这些才真正是决定着我们的孩子从哪里开始跑、怎么跑、向哪儿跑的那条起跑线！

很多父母以为孩子是父母的未来，但其实父母才决定着孩子的未来。

请一定记得：

家长的"长"，也是不断成长的长。

老师的"老"，是活到老学到老的老。

如果一份复印文件的内容出现了错误，应该怎么修改？想

真正的长大，是心胸的广大！

来您的第一想法会是将复印文件揉成团扔掉，然后回到电脑前去修改错误的文件内容，再重新打印一份，是吧？

那么如果这份复印文件是您的孩子呢？

我们当然就不能将孩子这个复印件随手扔掉了。所以，我们首先需要的是承认父母身上存在的问题，先修改父母身上的错误，因为父母就是文件的"原稿"，然后再去修正孩子这个复印文件身上的错误。当然复印文件上一定会留下修改的痕迹，请记得这个痕迹，把这个痕迹当作一种警醒，提醒我们若想孩子身上少些涂改的痕迹，该如何去改变自己。

为什么说父母是"原稿"？**因为，家庭就是那台"复印机"**！

《论语》有云：其身正，不令而行；其身不正，虽令不行。就像父母让孩子要少玩手机，但自己却做不到的话，是很难说服孩子的，就是这个道理。

懂得如何去爱

知道孩子最反感的一句话是什么吗？那就是我们家长的那句——"**还不是为了你好**"！

这句为你**好**，对于孩子来说成了一种最**坏**的表达。

在这句为你好的话里，孩子感受不到尊重，感受不到理解，感受不到父母的爱。看似轻飘飘的一句话，却让很多很多孩子背负了一生。我们想一想，你我有没有曾经受伤于同样的这句话？这句话，让我们无力反驳也无心反驳，因为已经知道了其必然的结果，所以我们开始选择退缩，选择闪躲，选择用沉默去无力地表达自己的抗议。很多孩子的心门,由此而开始关闭，从此父母和子女之间开始出现了一系列的问题。

我们父母本该是孩子在人世间的最后一根**救命"稻草"**，却在不知不觉中悲哀地成了压倒骆驼的**最后一根"稻草"**。

当您的孩子生病时，您只有一个愿望：好起来，快点好起来，只要能好起来。

所以请记得，别让我们家长自己成为孩子生病的那个病因啊！

> 您应该知道**学校**的**学**字，里面有一个子女的**子**字。却未必发现**学校**的**校**字，里面有一个父母的**父**字。

为什么爱，反而会伤人？

因为通过自我牺牲，给对方制造愧疚感，然后以此逼迫对方服从是中国家庭中非常常见的一种策略。这种情况不仅仅只出现在父母与孩子之间，同样也出现在夫妻之间、亲人之间，生活在这种无处可逃的压力之中，其痛苦的递增程度可想而知，因此**爱**和**家**这两个字，反而成了压抑、焦躁、抑郁的来源且无从排解，这种情况正在不断成为当今社会的广泛现象。

孩子，尤其是我们的孩子，越是在情绪低落的时候，其吸收力越强，负面的指责效果也就越大。

记得女儿4岁左右的时候，我有一次陪她疯玩了一天，最后回到家累得呈大字形瘫躺在了床上，这时候女儿的情绪还处于兴奋之中，大叫着一个助跑冲过来就双膝跪在了我的胸口，当时我一下子疼得冷汗不由自主地流了下来，那份疼痛好像肋骨断裂了一样。捂着胸口的我突然发现女儿惊呆地滚落一旁，表情呆滞甚至带着些恐慌的神情望着我，小表情似乎有话想说却又不敢说的样子，我强忍着挣扎坐起来对女儿说：宝贝儿，你没事吧？然后女儿愣了一下，快速爬过来抱着我说了一句话，一句我这辈子也无法忘怀的话，

> 今天有件烦心的事，也有件开心的事。烦心的事就不细说了，开心的事是我把烦心的事忘了……

她紧紧地抱着我，在我耳边说：老爸，我好爱你！

这件事每每想来都会让我下意识地微笑起来，发自内心地感觉到温暖。如今想来，虽然我当时并没有意识到，但做对了，因为当女儿以为她闯了祸的时候，我没有像她害怕的那样去批评她，没有跟她发火，反而出乎她意料地去关心了她。所以她才会说出这句话，这句没有人教她，却发乎于真心因而如此动人的话。一个4岁的孩子，也许根本不懂什么道理，但已经足以用一颗单纯的心去感受这个世界了。

还有一次是去陪女儿看电影《小王子》，这个故事是每晚的睡前故事中她最喜欢的，当时的女儿应该是六七岁的样子吧。我们看的电影是英语原音、中文字幕的版本，本来很担心女儿看不懂字幕，理解不了情节。总是想给女儿解释故事内容的我却突然发现女儿看着看着居然流下了眼泪，但是依然神情专注地盯着大银幕。那一刻我的心情是很微妙的，既心疼女儿流泪，又开心于她能被情节打动。或许，孩子才是真正看懂了这部电影的人，因为她才是真正地用心感受到了电影故事所表达的情绪的人。所以后来再和女儿

> 斗和争，有什么区别？请分别在每个字后面加一个"气"字。

看电影，我就不会再去"自作多情"地给她讲解什么了，除非是看完电影后她愿意交流的时候。因为我知道，我未必一定比她更看得懂。

说这些并不是想表达我是有多么懂得陪伴孩子，而是想跟每一位读者朋友真心地交流。在和孩子相处的过程中，如果我们能够站在孩子的角度去看待这个世界的话，其实孩子可以教给我们的会很多很多。

女儿上小学二年级时，有一天回到家里吃晚饭的时候，说学校的马校长今天早上逗一个同学可好玩了。原来是一个男同学早上快要迟到了，急匆匆地往校园里面跑，每天在学校门口迎接孩子们的马校长拉住了他，问清了情况不让他跑，怕他摔倒，还搂着他让他明天早点儿起床、早点儿出门，就不会时间这么紧张了。最后是马校长拉着那个男同学的手，陪他一起跑进学校的。哈哈，听了女儿讲的小故事，我和孩子妈妈都笑了起来。孩子妈妈随口说了一句："这个老马头，还挺有意思的！"

于是，第二天早上送女儿上学，在学校门口我亲

> 无能为力的最主要原因是前两个字。

耳听到了女儿跟马校长问好,然后说了一句:"马校长,昨天我妈妈在家叫您——老马头呢!"

呃……我当时就蒙了!马校长笑了起来,拍了拍女儿说:"是嘛,我本来就是老头嘛,没事,快进去吧。"

晚上,孩子妈妈知道了这件事问女儿:"你怎么能把这件事告诉马校长呢?"女儿瞪着眼睛很自然地回了一句:"怎么了?我又没说谎!"听到这句话的我和孩子妈妈都哑口无言,不知道如何作答了。

通过这件事,我深深地意识到,我们家长随口的一句话都可能是会让孩子很上心的一句话。所以,真的要注意我们的言行举止,因为那都可能会在不知不觉中影响到孩子的行为。

同样的道理,难道只能运用在家里吗?不。

我们在工作当中不一样是如此的嘛,谨言慎行的道理是不挑地方的。无意中的一句话也可能会不知怎么就传到了领导的耳朵里,传到了当事人那里。无论是如何传的,首先都是从我们自己的嘴里说出去的。这是女儿教给我的另外一个道理。

所以,所谓的父子一场、母女一场,其实是一种相互的滋养,当我们以为自己为了孩子付出了一切,到最后才发现成全的更是我们家长。

> 公平对待的前提是公平看待。

我们在陪伴着孩子成长的过程中,孩子也在变相地督促着、鼓舞着我们的成长。也许孩子来到世上,就是为了教育我们的,让我们得以再次生长,而不是持续地腐坏下去!

一个家庭若过分追求家庭外表的**亮丽光鲜**,就无法避免强颜欢笑和太多谎言。请别让成年人的所谓"体面",让孩子的内心变得**锈迹斑斑**!

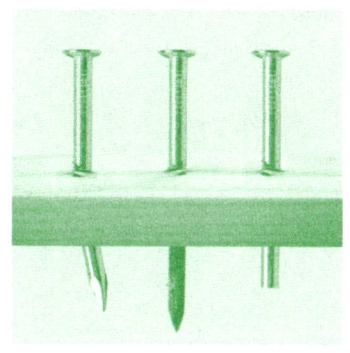

无论您是爸爸还是妈妈,在家里您都不要总是强颜欢笑地去假装坚强。您也要学会跟孩子适当地示弱,哪怕您觉得孩子**一定**不会听懂,但这并不影响您倾诉自己的情绪。您说出来就是种释放,同时也让孩子知道了每个人都会有烦恼和不开心的时候,但可以选择跟最亲近的人去倾诉。让孩子一点点感受到自己爸爸妈妈的不容易,最后记得谢谢孩子认真的倾听:

宝贝儿,跟你说过之后,爸爸/妈妈感觉好多了,谢谢你的陪伴!爸爸/妈妈会加油的,因为天空飘来五个字:那都不是事!

懂得如何去爱 | 069

《西游记》里面的无底洞，其实是在说人性的贪婪！

　　这样的沟通与互动，孩子未必能觉得感动，但孩子的内心里会慢慢体会到什么叫真正的坚强，那就是笑着去面对人生的风浪。

"换个角度"更懂孩子

是孩子让我们成为爸爸、妈妈。

对,您没看错。

正是因为孩子的出生,我们才开始有资格被叫成爸爸或者妈妈。所以我们作为爸爸或妈妈的年龄需要从孩子出生之日才能算起。我们既要赶上父母衰老的速度,也要能匹配得上孩子成长的步伐。的确,成为合格的父母不容易,但这对我们自己的父母也是一样的道理,而且在我们的父母养育我们的时候,还远远没有现在的生活条件和科技水平,所以,无须抱怨什么,每一代人都在为下一代付出着一切,因此辛劳着却也幸福着。痛苦着孩子的痛苦,幸福着孩子的幸福。

我们教孩子说话的时候,先要叫孩子成千上万次的爸爸、妈妈(宝贝,我是爸爸,我是妈妈,来,叫爸爸、爸爸,叫妈妈、妈妈、妈妈……),才终于等来了孩子人生中第一次叫我们爸爸、妈妈。第一次听到孩子叫我们的喜悦让之前我们几千次、上万次的重复变得再也不算个啥。如果真要计算起来的话,父母几千上万次的叫和孩子的这一声叫,也并不等价啊,但那时的我

> 最强大的力量是，说到做到。

们不会计较自己付出的太多，得到的太少，对吧！

但等到孩子长大，受迫于生活的重压，恼怒于孩子的不听话，我们开始不甘心于自己付出了那么多，却换不回孩子的自律、听话，换不回孩子按照我们期待的样子乖乖地长大，是谁出了问题，是哪里出了问题呢？

"换个角度"，这四个字说起来简单，做起来实在太难。

请问这是几？

请您闭上眼睛想个答案，应该是几？

是 7。

好，我们再看一遍，闭上眼睛，应该是几？

是 8。

好，再看一遍，是 7 还是 8？

> 我们总是幻想能回到过去，以改变现在的人生；却总是下不了决心，做好现在，去拥有美好的未来！

这次不问您应该是 7 对，还是 8 对。

请您回答，答案是 7，错了吗?

请您回答，答案是 8，错了吗?

是的，从数字的形状看，答案就应该是：7。

如果，从组成 7 的圆形点的数量看，是：8。

所以，我们可以得出这样一个结论：

同样的一个问题，通过不同的角度去观察，答案就可以是不同的。而且，在某一方是正确的同时，并不意味着另一方就一定是错误的。您同意吗，您明白了吗?

您对了，不代表别人就一定错了!

视觉的角度不同，眼睛的落点不同，衡量的标准不同，就是会得到不同的答案。

所以在现实生活中，当孩子给出的答案不是您心目中的正确答案的时候，请不要急于否定孩子，尽量先试着想一下，试着站在孩子的角度去考量一下，孩子是从哪个方向给出的回答，为什么孩子会这么想，是否一点道理也没有，有的话怎么引导，没有的话又该如何沟通。

夫妻之间，当为了某件事产生分歧的时候，也可以想一想是 7 还是 8，对方是从哪个角度考量的这件事呢，我是对的，

> 我希望你的希望有希望！

那对方就一定是错的吗？

如果在现实生活中能够真的做到运用这样的思维方式和处事方法，就会减少很多的误解，让沟通变得不再那么困难。公说公有理、婆说婆有理，不就是一个是7一个是8，而且彼此都坚信不疑嘛。不换个角度就一定会跟"盲人摸象"的故事一样，没人错误，也没人正确。

当然，这在现实中非常难以做到。而之所以难以做到，主要原因就在于"情绪"。当情绪难以控制的时候，是没有办法做到客观，没办法谈什么站在对方的角度考虑问题的。而且，在家庭中一旦当我们开始试图讲道理的时候，往往就是讲道理没有用的时候了。所以身为父母的我们，必须扩展我们的格局，锻炼着去掌控自己的情绪，就算不是为了我们的孩子，也要这样去做。因为我们也是、也曾是个孩子，我们活成了更好的自己，也是我们的父母最大的期望！

塑造更好的自己

我们孝敬我们的父母,我们的孩子才可能孝顺我们;我们尊重别人,孩子才可能尊重我们;我们不抠门,孩子才可能愿意分享。缺少了生活中的榜样的孩子,才会热衷于去追星,去追随什么偶像,这个世界就是这样。

最强大的关系就是因果关系。

孩子们经常能在标语和书籍中看到,或者在老师和家长的口中听到:一年之计在于春,一日之计在于晨,一生之计在于勤。

但身为家长的我们却大多不知道或者忘记了:**一家之计在于和**!

有太多的道理好像只有我们在用来要求别人的时候,才是道理,这本身就是一件很没有道理的事情。

所以我们为人父母的,需要做的是少要求孩子,需要做的是多塑造自己!

若说"1314"代表着"一生一世"的话,还有这样一种理解的方法。

所谓长大，就是开始自己跟自己打架，在每一次忍住冲动的步伐，在每一个遏制欲望的刹那！

13 代表的是：一家三口。

14 = 7 + 7

第一个 7 是：琴、棋、书、画、诗、酒、花。

第二个 7 是：柴、米、油、盐、酱、醋、茶。

我们的一生一世都逃不开以上这些的相加，我们的孩子包括我们自己都是围绕着这些长大。所以，真正的家庭教育都蕴含于生活的点点滴滴，在我们不经意间走进了孩子的心里，并逐渐成为他们做人做事的道理。

很多的苦难、困顿、坎坷，都可以用一个美好的童年来与之为敌而不落下风。就像一个寒冬，可以用怀念暖春来抵御，不轻松的日子总会过去。

也可能很多人生中的辛苦努力和沉默付出，都是在与各自不那么美好的童年，独自在心中做一场不为人知的艰难拔河，这场架，可能会伴随一生，至多打平却毫无胜算。

有很多的家长会表示自己没有高学历，不会讲那么多的道理，所以一直在努力地赚钱，希望孩子能够接受良好的教育，这本身并没有错。但这不能代表着我们家长放弃自身的学习就有了道理。如果一个人不看书、不学习，那么他的价值观就只好由他的亲朋好友、由他的生活圈来决定，因为他没有别的输

> 我尽量用心地去回答看似无聊的问题,因为我怕这是你敞开心扉的开始!

入的渠道。我们家长偷过的懒,享受的安逸,都会变成孩子今后在风雨里前行的疲惫,都会变成孩子在泥泞中打滚的辛酸。相信没有父母会希望孩子因为我们而变成这样,所以当我们真正明白了爱的意义,就会明白把学习化作行动的意义。父母没有文化本身并不可怕,爱和正直已经足够。

在平凡的日子里享受甘甜

当孩子学到王之涣的诗《登鹳雀楼》的时候，我们可以跟孩子一起去探讨诗里面所蕴含的道理：

白日依山尽，太阳总会落山，因为地球自转。
黄河入海流，水会往低处流，因为地球引力。
欲穷千里目，我们世人如果想要看得更远的话。
更上一层楼，就要不断登高去开阔视野和心胸。

地球自转和地球引力可以引导孩子去了解物理方面的知识；登高望远，可以在和孩子爬上山顶之时一起感受这首诗所表达的意境。我们责无旁贷地需要明白，我们父母就是孩子登上更高一层楼的阶梯。当然会有父母觉得自身没有太高的文化，所以教不了孩子很多的知识和深刻的道理，没关系的，您可以试着跟孩子请教，可以跟孩子说：爸爸/妈妈这辈子吃了很多没有文化的亏，一直觉得很遗憾，所以特别希望你能好好学习，那样的话爸爸/妈妈有什么不懂的问题就可以问你了。比如这个地球自转和地球引力，爸爸/妈妈就一直搞不懂，以后你们

> 若您把孩子照片设置成了手机壁纸，请记得，可以对孩子进行指点，但别总是指指点点！

物理课如果讲到这里，你尽量认真听听，回来讲给我好不好？

这样的表达未必一定会有效，但相信您的孩子在听到物理老师讲到这个话题的时候，注意力一定能不由自主地有很大提高。

每个家长都会有东西给不了孩子，但这并不该影响我们竭尽所能地去引导。

活得好累是吧？是啊，所以为了孩子以后能不这么累，我们责无旁贷！当面临生死危机的时刻，我们绝大多数的家长都会心甘情愿地为了保护孩子付出一切，哪怕付出的是自己的生命也在所不惜，只要能给孩子换来一个活下去的机会，这样的事件我们通过新闻资讯看到过很多很多。但生活中并没有那么多激情燃烧的岁月，往往有的只是一个个看似平淡的日子，有的只是每一天的生活琐碎。所谓甘于平凡，便是非凡，这个甘是甘甜的甘，在平凡的日子里享受甘甜，享受一家人的彼此陪伴。人生不过是：睡**一**觉、睁**双**眼、食**三**餐、勤**四**体、耕**五**谷、尊**六**亲、循**七**情、行**八**方、言**九**鼎，无他。

做明白父母

为什么大多数人都觉得不幸福？大概是因为我们追求的并不是幸福本身，而是在追求要比别人幸福吧！

读书，不是药；但药方，就在读书的过程中才能得到。

我们看到一只站在树枝上的鸟，从不会担心它会掉下来，不是因为我们相信树枝的坚硬不会折断，而是因为知道鸟儿有翅膀，遇到危险也能够飞翔。

孩子并不需要家长给他们翅膀，因为他们本来就有，我们家长要做的只是保护好他们的翅膀，别去剪断、别去伤害，最好当然是教会孩子如何飞翔，陪着他们一起飞翔。

不知道您听过没有，在孩子口中有这样的三种鸟：一种是笨鸟先飞的；一种是嫌累不飞的；**一种是自己飞不高，就在窝里下个蛋，然后让孵出来的小鸟必须玩命飞的。**

孩子在影射的是谁呢？

这里请您假装看到一个捂脸的表情！

我们需要注意我们的思想，因为那将变成我们的言辞；

我们需要注意我们的言辞，因为那将变成我们的行动；

> 不想被管理,是开始长大;
> 能管理自己,是开始成熟。

我们需要注意我们的行动,因为那将变成我们的习惯;

我们需要注意我们的习惯,因为那将变成我们的性格;

我们需要注意我们的性格,因为那将决定我们的命运。

而我们就是这样影响着孩子的命运,无论我们是否意识到,是否愿意承认,事实均是如此。

露比·考尔有一首小诗叫作《致有女儿的父亲》:

> 每一次,
> 你告诉女儿,
> 你吼她,
> 是因为爱她。
> 便是教她混淆了,
> 愤怒与好意。
> 等她长大后,
> 便会信任伤她的男人,
> 因为他看起来,
> 跟你好像!

> 孩子，爸爸/妈妈希望你把英语学好，这样起码你能知道别人是在夸你还是骂你！

如果您看懂了，相信您会跟我一样觉得可怕吧！
一个有女儿的爸爸，一生的最成功之处莫过于：

女儿想嫁给像爸爸一样的男人！
爸爸的缺点就像星星一样多，
爸爸的优点就像太阳一样少，
但当太阳出现的时候，所有的星星就会都不见了！

所以我们真的要去明白"家"的含义，要去明白"爱"的意义。也许您会说做人太累了，我们可以换个角度讲，那些唾手可得的东西，真的会让您觉得幸福和有意义吗？

在家庭生活中，相对来讲往往丈夫都比较喜欢讲道理，而妻子会更加注重感受和情绪。如果丈夫始终想不明白妻子看似莫名其妙、不可理喻、无理取闹的那些奇怪情绪，本身就是一种道理的话，那么也就自然很难讲明白自己的道理了，更不用说讲理只是为了争个输赢、比个高低。双方如此久处，自然而然都会觉得对方是一个无法沟通的人、一个不懂我的人。同床共枕的夫妻双方，逃无可逃、避无可避，大概最终就只有两两沉默、各自委屈了吧！

电影《肖申克的救赎》告诉我们，那些您想离开却又离不开的地方，即是心牢。

> 红极一时的，多半是昙花一现的！

夫妻之间最可悲的事就是：

虽同床共枕却同床异梦，

一被子，却不能一辈子！

其实，我们对别人，对这个世界，所有的误会，可能都来自三个字：**"我觉得。"**

一个"我"字，就证明着我们只是站在了自己的角度，照顾着自己的心情，所以才让沟通从一开始就变成了不太可能。

如何让孩子善良与正直

毫无疑问我们家长都会希望我们的孩子具有良好的品质，那么假如只能让您的孩子保留一种品质，您会选择什么？

我想不同的父母都会有不同的选择吧！

我愿意选择的是：善良。

因为善良，可以衍生出：力量、德望、信任、坚强、爱与分享。

如何培养孩子的善良呢？

其实善良并不需要刻意地去培养，重点在于别去破坏。

我们希望我们的孩子善良，所以就更需要我们家长先让自己变得阳光，对这个世界温柔以待，这些孩子都能看得到、听得到、感受得到。

若是我们拥有的只是**挑剔的善良**，那么可想而知会对我们的孩子造成什么样的影响。

正直，还有这样一层含义：上梁**正**则下梁**直**，上梁不正则下梁歪。

天底下最让人如履薄冰的事情，就该是传道授业、教书育人，因为我们永远不知道自己说的哪句话、做的哪件事，就会

> 尊重,不是,客套。就好像,
> 休息,不只,睡觉。

让孩子牢记在心里一辈子。

人的一生会经历三次长大:第一次是在发现自己不是世界的中心的时候;第二次是在发现即使再怎么努力,终究还是有些事令人无能为力的时候;第三次是在明知道有些事可能会无能为力,但还是会尽力争取的时候。

说一千道一万,只有当我们身为家长的下定决心去成为更好的自己,并为之不断地努力着,我们的孩子才可能成为更好的孩子。

家庭教育的十二条经验

在每次课后跟家长的交流中,很多家长都会问有什么具体的方法教育孩子。说实话我一直比较排斥这样的问法,因为我们好像都习惯了遇到问题,直接想着如何解决"这个"问题,当然这不代表这种观点是绝对错误的。而是我们更要首先知道只有找到了问题形成的原因,追根溯源,才有可能从根本上去解决问题。但学习从来不是一蹴而就的,所以我还是借鉴、总结出一些可以注意的方向和方法以供家长朋友们参考。家长可结合您的家庭实际情况,总结出适合于您的家庭的实际方法。

心灵的成长需要自由。我们家长经常帮孩子做出选择,给出答案,会使孩子没有选择的余地,失去了思考的空间,所以孩子没有创新能力,也不会有太多尝试的机会。即使可以让孩子学到一些知识,却无法做到让孩子举一反三,也无法让孩子拥有更好的想象力。就像鱼儿需要自由的成长空间一样,孩子也是如此。

好的习惯要重复强化。人的习惯是可以培养的,无论是有意识的还是无意识的。人的行为在一段时间或一些重复的经历

> 时光之所以叫**时光**，也许是在提醒我们，在人生的每个**时段**，都请记得发**光**！

后，就会形成习惯。比如说 21 天就足以形成一个习惯，一个好的习惯是一笔巨大的财富，孩子会享用一生。我们需要的是在生活细节中引导孩子去养成有益的良好习惯。

培养孩子的好奇心。即使对于熟悉的环境和事物，孩子也会在好奇心的驱使下，不断学习、练习和成长。对任何事物都有好奇心的人，兴趣往往十分广泛，创造力也会更强。缺乏好奇心则很难集中注意力，对于外界的反应也会相对迟缓。

给孩子想象的空间。只是告诉孩子"标准答案"，无形中会抹杀了孩子的联想，而教育需要做的是努力挖掘孩子的想象力。当给孩子交代一件事情时，不要急着教他该怎么做，只需要告诉他应该做成什么样子，在安全方面加以提醒。让孩子先自己去想办法，在此期间，要做的主要是鼓励。给孩子自由的空间，那会是思维无限扩展的可能。

一切行动靠自觉。您听过一个小故事吗？南风和北风比赛看谁能先让行人脱掉外套，刺骨的北风越刮人们把自己包裹得越紧，而温暖的南风则让人们自然而然地脱掉了外套。这个小故事启发着我们：**只有出于自发的行为，才能收到良好的效果。**正因为现实中我们家长的很多教育方式就像北风一样，所以才适得其反。我们需要了解事情的真实全面的情况，并寻求妥善

> 指南针之所以指南，是提醒我们，过于被东西所诱惑，自然容易找不到北！

的解决方法，从孩子的角度出发，多加宽容并注意引导。让孩子自觉地去做我们家长认为该做的事情，不是比我们的命令更轻松也更有用吗？

让孩子自己承担过错。让孩子承担该受的惩罚，因为每个人都要为自己的行为负责任，后果不可能由别人来承担。让孩子去承担他的决定所带来的结果，往往比我们的"传教"更加深刻，因为这样孩子才会有反思，有总结。想一想我们自己的人生，又有哪种经验不是通过教训而来的呢？

心灵的成长需要尊重。有研究表明，子女与父母之间关系平等、相互尊重且保持良好沟通交流的家庭，孩子的智商明显高于其他家庭的孩子。尊重孩子，把孩子真心看作一个独立的人，尊重孩子的隐私，尊重孩子的选择，尊重孩子的朋友，经常跟孩子交流，以尊重为前提地引导，孩子就定会得到更好的成长。

注重培养孩子的耐心。不要让孩子的欲望过快地得到满足，应该有意识地控制孩子的欲望。克制，是一个人成功的前提，比如不懂得如何去控制自己的脾气，就会受到坏心情的影响，且还会影响身边的人。面对当今社会那么多的诱惑，一个人的克制能力就更显得重要起来了。克制能力是可以从小培养的，

> 解脱，是**解**开内心的束缚，才能**脱**离狭隘的偏激。逃避，不是解脱！

只要我们身为父母者能够意识到并加以重视。当然这也意味着身为父母的我们需要以身作则起来。

让孩子品尝生活的滋味。孩子只有通过自己的真实感觉，才能正确地获得外界的信息，才能适应环境求得生存。很多的家长生怕孩子吃苦，总是把孩子放在较好的环境里，这样不仅会让孩子的眼界狭小了许多，甚至还可能造成孩子的心胸狭隘。我们需要成为引导者，让孩子做更多他们可以做也愿意做的事。我们家长要学会做观众，学会看他们长大，而不是"教"他们长大，因为毕竟没有人能够**替**孩子长大。

让孩子全面发展。一只木桶盛水的多少取决于最短的那块木板。每个人都有优势和劣势，而成功与否，在于是否发挥了优势，规避了劣势。比如父母对孩子的偏科现象，应给予足够的重视，找到问题形成的原因，尽量加以引导，努力培养孩子成为复合型人才。但这里需要注意的是，复合型人才当然好，但专业性更是一个人出类拔萃的核心因素。我们需要了解孩子偏科是因为不喜欢这个科目的老师，还是其他，不要只是指责，有些看似很简单的因素，或许就是问题的根本。

给孩子明确的标准。不要让我们父母成为两只有着不同时差的手表，孩子是无法同时接受我们家长不一致的教育标准的。

> 孩子痴迷于游戏，大多是因为家长，不太好玩！

一个家庭的夫妻和老人都要进行真诚的沟通，商定对于管教孩子的底线和注意事项，尽量让孩子接受到的标准是一致的，起码是不矛盾的。

懂得批评更要学会表扬。有些家长总是记得孩子的"不对"、孩子的"错误"，哪怕在孩子取得了进步后，也经常翻旧账，这会极大地伤害孩子的自尊心，挫伤孩子的积极性。我们家长不要让自己的刻板印象阻碍了孩子的进步，该表扬的就要给予表扬，只要不过于夸张。但需要牢记：我们表扬的要是孩子的思维、孩子的专注、孩子的努力，绝不是孩子的"聪明"。这一点尤其重要，因为有太多的家长把一切都归功于孩子的聪明或者"随根"，茫然不知就这样让"小聪明"伴随了孩子的一生。

以上表达的道理似乎有些没那么接地气，因为家庭教育必须要因地制宜、量体裁衣，只有在您了解了正确的家庭教育理念之后，结合您自身家庭的实际情况，才能找出适合您家庭的教育方法和具体举措。

家庭教育的失败，从来不只是因为父母的不陪伴，而是只有孩子在成长！

如何做好家庭"领导"

如果说父母是一个家庭的"领导"的话，我们要明白领导的真正含义。

"领导"指的是引"领"和指"导"。

身为父母，我们当然可以指点孩子，却不要对孩子指指点点。现实生活中太多的父母在重复着这样的错误而不自知，茫然不知孩子是从何时起关闭了心门，更搞不懂为什么孩子变得越来越难以沟通。

真正的"沟通"，是指把"沟"壑变成"通"途的过程。

就好像是用一棵树在两个山头间架起一座可以到达对岸的桥梁，是双方得以达成一定的共识，而不是现实中那些父母下达给孩子的"**通知**"！

夫妻间也经常出现这样所谓的沟通，这也是夫妻之间出现问题的一个很大原因。我们不能总是自说自话，**沟通最大的技巧就在于——倾听**。如果我们不听对方的表达，又凭什么要求对方能够认真听我们的话。不认真倾听对方的表达，我们就根本不会理解对方的真实想法，这座桥也就根本找不到地方**架**。

气、急、败、坏，是因果关系。

或许这就是**吵架**为什么叫吵架的原因吧！

吵架

吵架的吵，左边是口，右边是少，避免吵架就是该少张口。

吵架的架，上面是加，下面是木，避免吵架就是不要在火上加木柴。

沟通一定是在心平气和的前提下才可能达成共识。不信我们把"和平"两个字颠倒过来，得到的就是"平和"两个字，平和的心态才有可能得到和平。所以我们不知不觉又回到了情绪管理的话题。

沟通的真正难点在于：**您心里想的、您嘴上说的和别人认为的，是三件事。**

所以沟通需要讲究顺序。

先讲对方想听的，讲对方听得进的，再讲您应该讲的，最后讲您想讲的。

> 孩子的学习问题,往往都不是,学习的问题。

每对夫妻在结婚时所戴上的戒指,还可以有这样的一种心理暗示:记得时刻提醒自己,**戒**除对他人的**指**责。

见自己，建自己

家庭教育看似是一门独立的学科，却是包罗万象的。因为**家庭教育不仅仅包含着子女，也包括我们家长自己。**因为我们也都是这个家庭的一员，我们每一个人都在相互影响着、成就着、制约着、理解着、刺激着、冲突着、矛盾着，等等。没有人可以例外，这才是一个家庭的真实面貌，唯有克服那些负面的因素和影响，在原本艰辛的生活中互相宽慰、互相体谅，让这个家有了温暖，我们才得以拥有幸福！因为来之不易的才能叫作幸福！

写这本书的目的就像书名一样《育见自己》，我们每个人都应该在教育孩子的过程中，在被教育的过程中，重新发现自己，认知自己，面对自己。找到差距，找到自身欠缺的东西，然后不断地学习、不断地努力，以期成为一个更好的人，找到每个人自己的生活意义。

如果，有一天您的孩子问您这个问题：爸爸/妈妈，人活着是为了什么啊？

您准备好了吗，如何回答？

> 试着给自己的沮丧，设置一个截止时间！

您的回答将很有可能直接影响孩子的一生！

现实生活里我经手的几个心理咨询案例中，所有的家长都没有准备好回答这个问题。要么从没想过这个问题，要么觉得回答这个问题根本没意义，还有的家长给出了非常负面的答案。可想而知，孩子听到这些答案肯定会在茫然中找不到头绪。孩子考虑这个问题本身是一件很好的事情，是孩子在成长的过程中世界观、人生观形成的关键时期，我们家长的一句词不达意的话语，等于在将孩子推离，于是他只好通过身边的同学、朋友，或者在网络中去寻求答案。在父母都不懂得生活的意义的情绪里将会获得或者说愿意相信怎样的答案呢？一切都只能靠运气。可悲吗，可怜吗？起码是一件很可怕的事情吧。

让我们试着做这样一件事： 假设，假设几十年后，您已经老了，躺在病床上，想在离开这个世界之前，给您的孩子留下您认为的对人生最重要的一句话，已经不能说话的您只好拿起了笔，颤巍巍地写下这样一句：

_____

_____

何谓**佩**服？因为钦**佩**，所以敬服。

接下来请把这句话简练成 8 个字，您会写什么？

_____

再缩短成 4 个字，您会写什么？

_____

如果，隔了一段时间您又拿起了这本书，翻到了这一页的话，请您再试着拿起笔，当下的您，会写下什么跟之前不同的词句？

_____

_____

请试着写一写，如果实在懒得写，您就在脑海中经常想一想，不需要在一天内完成。可以是在某个睡不着的晚上，可以是在地铁公交上放空的时间，可以是在烧一壶水的空闲，可以是在喝茶时茶香四溢的瞬间。总之，我**诚心**地希望您能想一想。我无法知道您会得到什么样的答案，但相信在您认真思考

> 不知不觉，是一种因果关系。

的过程中会有几次、多次修改的过程，您的思考本身就是总结您的人生的一个过程，总结一下您的人生经验和生活体会，无论您得出了怎样的答案，都是这本书、这段话的最大的意义之所在。

思维不固化，学习须自觉

当我们想明白了自身的生活意义，知道了如何去实现自己的人生价值，才会更加有目标地生活下去，为了这个目标不断地努力而不再需要外在的动力。这样才能让我们的孩子因为受到我们的影响，使他的人生充满斗志，才可能帮助我们的孩子早一点寻找到他的人生梦想和生活的意义。

接下来我们再做一个小互动，请您对着镜子或者打开手机的自拍模式，用您的两根"食指"，对着镜子或手机的镜头比一个"人"字。

别懒得动，您在看这本书的时候，没人知道您在看什么，没人会笑话您，您也可以找个相对独立的空间做这件事情。

您看到了什么答案？

答案肯定是一个"人"字。

但您忘记了，无论是镜子还是手机的自拍镜头里，画面都是镜像反转的。

如果您的对面是另一个人，看到的就会是一个出入的"入"字了。我说清楚了吗？

> 想当然的当，上当的当，是同一个字。

方便的话，您可以找一个人，对着他比一下，问问对方看到的是什么字。

是的。这就是这个小互动教给我们的一个道理：**看事情的角度有了出入，就会得到与别人相反的答案。**

所以，我们都习惯了站在自己的角度看问题，并因此而坚信不疑。对的，您是对的，因为这个角度就决定了，我们只能看到这些，如此而已。

所以在生活中、工作中，夫妻之间、朋友之间、父母子女之间，才会产生很多冲突的甚至截然相反的不同观点，这就是很多争议的来源。

这个小互动最初其实是运用在市场营销学课堂上的，因为对于商家可以得出这样一个结论：需要站在消费者的立场上考虑问题。我把它引入家庭教育的课堂，皆因觉得这个小互动能让我们思考人性，看清楚角度的重要性。

比如：

> 您有一个女儿，您希望她的婆家能多给彩礼；您有一个儿子，您嫌亲家要的彩礼太多。
>
> 您有一个儿媳，您嫌儿媳事太多、不懂事；您有一个女儿，您希望她掌管婆家的经济大权。

> 骂人最疼的话是，没有家教。

您开车时，讨厌行人；您是行人时，讨厌车。

您在打工时，觉得老板太强势、太抠门；您当老板后，觉得员工太没责任心、没有执行力。

您是顾客时，认为商家太暴利；您是商人时，觉得顾客太挑剔。

……………

人，不能总是站在自己的位置看别人，更要多在别人的位置上看看自己。

很多的问题都不只有一个答案，都不只有一个角度，再比如下面这道题。

请选出不同的人：

A. 姑姑　　　　　**B. 奶奶**

C. 妈妈　　　　　**D. 爸爸**

如果这是一道单选题，您的答案是什么？

答:（　　）

如果这是一道多选题，您的答案又是什么？

答:（　　）

> 给孩子最好的爱，是对这个世界，温柔以待。

现实中的家长选择（D）和（A）答案的人最多。因为：

  D.爸爸。选择的原因是：爸爸是男性，其他均为女性。

  A.姑姑。选择的原因是：姑姑会嫁人，理论上不会跟奶奶和爸爸、妈妈长期生活在一起。

您认同吗？

那么我们再来看看其他的答案。

  B.奶奶。是四个人中的长辈，辈分与其他人不同。

  C.妈妈，是嫁到家里来的，与其他人没有血缘关系。

所以，A、B、C、D在某种角度都是正确答案。

当然这只是一道含有误导性质的题目。

但现实中我们也经常被自己的思维方式误导，从而局限了自己看问题的角度，得出的答案自然有所欠缺。

所以我们家长要提高自己，要提高的是什么呢？要提高的是眼界，是格局，是思维方式，是读书的习惯，是发现自身的欠缺，是改变的决心，是坚持的行动，是稳定的情绪。

思维不固化，学习须自觉

教育的细节

我们再来看一个小问题：为什么您越是禁止的事情，好像孩子越是要做？**不要玩水，不要看电视，不要玩手机……**您听到这样的话语，脑海中出现的场景是什么？是不是玩水、看电视、玩手机的景象？

这是为什么呢？因为我们人的大脑只能呈现一种图像，而不能呈现一种否定的图像。所以我们应该发出的是积极性的语言，用积极的方式，去绘制积极的头脑图像。

要向孩子描述我们想要的，而不是我们不想要的。在现实生活中，尽量不要跟孩子，也不要跟任何人说反话。比如，您跟3岁的儿子说：今晚不许尿床了啊！孩子睡觉前脑海中最后记住的画面就是：尿床的画面。您看吧，第二天估计您还得洗床单。

我们应该表达的是：让我们明天早上，看看你的床单能不能保持干净，晚安，宝贝儿。

这就是知识，这就是方法。

**所以，很多的时候真不是我们的孩子笨，其实是我们做家

> 爱，不是情绪，而是能力。

长的还不足够聪明！

就好像我们经常会对孩子说，或者听到路上的大人对孩子喊着"**车、车，看车啊**"！我们想要表达的意思当然很明显，那就是要让我们的孩子注意安全，别被车碰到，这没问题。

但问题是，我们根本就没有表达清楚我们到底要孩子怎么做啊！**无所适从的孩子才更加容易出现危险。**

我们家长应该的表达方式是，每次出门前跟孩子预习"**红灯停、绿灯行、黄灯示警，马路上面不乱跑，时刻注意车辆与行人**"，把它当成歌谣一样跟孩子背诵，甚至可以作为每次出门前的暗号，孩子一听到这个内容就知道要出门了。这还可以作为叫孩子上学起床的轻声细语，让孩子在潜意识里感到愉悦。请相信，如果您这样做了孩子一定记得住。

当您每次和孩子经过小区里的**井盖**的时候，都可以拉着孩子的小手说"跳"，绝大多数孩子都会开心地蹦跳着过去。养成了习惯后，您就可以少操一份心了，那就是您的孩子会下意识地看到井盖就跳过去、迈过去，甚至于孩子长大后自己都忘记了这是为什么！

您一定也看到过在商场或者公园等公共场合有孩子一边抹着眼泪一边哭喊着"妈妈、爸爸"吧，所以请告诉您的孩子，

教育的细节 | 103

> 不是读书，没用；是我们读的那点书，不够用。

如果外出时不小心跟您走散了，要先站在原地不动，然后直接呼喊**您的名字**（还可以让孩子背下您的电话号码），还要请身边的叔叔阿姨和小朋友一起帮忙喊，这才是最快找到您的方法。

生活中的一个个细节才是孩子认知这个世界的最大渠道和来源，而我们家长有多么注重细节，能把握住多少细节更是培养孩子、保护孩子的关键点。开动脑筋、不厌其烦，毕竟，孩子是我们亲生的！哈哈！

再比如，您家 6 岁的孩子不小心把一杯牛奶洒到了家里的地板上，您会做出怎样的反应？

牛奶洒了

学习机会来了

> 生物钟，是最好的闹钟。

哎呀，宝贝你怎么不小心点啊？

哎呀，你怎么这么笨啊？

摔着没有啊，怎么又这么不小心啊？

说了多少次了，不让你拿、不让你拿的，洒了吧？

又白瞎了一杯牛奶，愣着干吗，赶紧拿墩布去啊……

当然可能还会有很多不同的回答，但我想说的是，其实，这是一个学习的机会来了，就看我们家长有没有耐心，懂不懂得方法，利用好孩子"闯祸"的契机去引导和教育他。下面是我推荐的几种方法。

第一种方法：第一时间照顾孩子的情绪，在确定孩子没有受伤的前提下，陪着孩子用手指在地板上蘸着牛奶画画。让孩子在本来担心被批评、被惩罚的情绪中安定下来，感受到我们家长首先关心的是他的安全。然后在用牛奶画画的过程中孩子获得了快乐，获得了陪伴，有助于孩子情绪的稳定，增强孩子内心的安全感。这时候我们再在孩子耳边轻声说着下次要小心，牛奶不要倒得太满，可以使用托盘，不要跑得太快之类的话语。这种情况下孩子才更加能听得进去，更加能够在下一次真的加了"小心"。

> 占便宜最好的地方是，书店。

第二种方法：确定孩子没有受伤之后，不要马上主动地就去处理地上的牛奶，而是询问孩子有什么办法能够把地板打扫干净，先让孩子开动脑筋。孩子说出答案后，一定不够全面，这时候我们可以找出下面几样：墩布、卫生纸、湿纸巾、抹布、刷碗用的海绵布、脏衣服等生活用品，现场给孩子演示这些用品对于擦拭干净地板的不同优缺点：

墩布是可以擦干净的，但需要反复清洗墩布，用后地板还是会有些湿润的、滑滑的。

卫生纸可以擦拭干净，但需要的纸比较多，很浪费。

湿纸巾可以擦拭干净，但跟墩布一样用后地板还是会湿滑，而且一样要用得比较多，浪费。

抹布可以擦拭干净，但每次擦拭的区域不如墩布大，也需要拧干、清洗抹布。

刷碗用的海绵布可以擦拭，而且相比较之前的物品，海绵布更加吸水，这是为什么呢？跟孩子说我们一会儿用电脑/手机查一下好不好，不过这块海绵布是刷碗用的，擦了地板就不能再用来刷碗了，因为有细菌了不卫生，再用它刷碗我们就会把细菌吃到肚子里，会生病。

> 聪明人不装聪明才算是真聪明；明白人不装明白才算是真明白。

脏衣服可以擦拭干净，不过吸水性不是很强，而且这件衣服再想洗干净就比较费功夫了。

您看"如果"我们真的能这样处理，是不是我们跟孩子都有了一种很好的情绪，能够达成一种很好的交流。孩子会比较惊讶，也会比较听话，还会认真地思考，学到了新的知识，也会产生更多的疑问，比如孩子会尤其对海绵布吸水这件事感兴趣。打扫干净后，我们坐在沙发上搂着孩子用手机查关于海绵布为什么能吸水的信息，又潜移默化地向孩子暗示了手机是学习知识用的，有一个东西叫搜索引擎等。保护好孩子的好奇心，利用好孩子的好奇心，记得吧，好奇心等于求知欲，是孩子很好的老师。

您有没有觉得这么一件小事好像被我说得特别复杂？其实家庭教育就是存在于这些生活的点点滴滴之中，知识都是日积月累地在孩子的心目中逐渐成形的。放下我们成年人的功利性，把教育放到每一天的日常生活中，我们家长先有了一双善于发现的眼睛，孩子长大后才会真正地领会什么叫作：**人情练达即文章，处处留心皆学问。爱心、耐心、细心缺一不可。**其实想想，您是否也跟我一样觉得这其实挺温馨呢？

说到牛奶，还有一个小小的知识点。我们有的家长会跟孩

> 慈母手中线，缝补是人心。

子说：宝贝儿，喝了吧，牛奶可"有营养"了！其实我们家长说的这句话是最"没营养"的！因为孩子对于有没有营养根本不会感兴趣。

让孩子"愿意"喝牛奶的方法是：宝贝儿，你是想要用蓝色的杯子还是想要用粉色的杯子喝牛奶呢？

孩子的心思一下子就会放在选哪种颜色的杯子上面，而不会去想自己要不要喝牛奶这个问题了。

这就是引导，这就是套路，却也是技巧和方法。要让孩子有选择的权利和机会，让我们的命令变成孩子的主动和心甘情愿。

教育的"见缝插针"

您还记得自己当初是如何学会骑自行车的吗?您还记得是如何教会您的孩子骑自行车的吗?

其实通过学习骑自行车这件事,我们可以联想到的,可以跟孩子分享的内容很多,比如:

🔔 只有经历过摔倒,才能真正知道如何避免再次摔倒,学会支撑、学会自我保护,在这个过程中孩子也在学

> 智慧就是做个聪明的"傻子",而不是去傻傻地力图表现出聪明。

会顽强、学会坚持、学会如何更好地去掌握平衡。

🔔 孩子学骑车,决定孩子在多长时间内能够掌握要领的,往往是看我们家长何时——放手。我们家长就像是儿童车后轮两侧的保护轮一样,当保护轮被拆掉的时候,没必要感叹自己不再被需要了,而是应该欣慰于孩子长大了,可以独自上路了。

🔔 最开始学习骑车的时候,孩子总是会眼睛盯着车轮前方的那一点空间,因为害怕摔倒。而当学会以后孩子才会明白,只有将目光放得长远一点,才能够提前发现障碍、规避障碍,目视前方才能骑得更远。

🔔 车胎会破,就需要修补,人也是,生活中遇到了挫折不能轻易就将自己否定或放弃,要想办法给自己找到修补的方法,再重新上路。轮胎会亏气,但夏天给自行车打气不能打得太足,这里就有个热胀冷缩的道理,在将来的物理课上会学到。人就像轮胎打气的道理一样,如果我们把打气形容为外人对你的负面评价的话,你是否会因为对外界看法的过于在意而变得满肚子的气,找不到排解的方法,人的情绪也是会炸裂的。

🔔 自行车的车链子会掉,经过一段时间是需要上油起到

> 无敌，不是无人能敌，而是无人为敌。

润滑作用的，人们经常会把一个人在关键时刻发挥失常或没有承受住压力造成失败，在关键时刻靠不住比喻成为**"掉链子"**。这就好像我们骑车上坡的时候如果突然车链子断了，我们就有可能摔倒或者从坡上滑落下来一样。所以在平时要做好车链子的上油保养，在骑车之前先检查一下轮胎有没有问题，亏不亏气，这样就是在减少半路掉链子的可能。如果用学习来比喻，那就是要养成预习和复习的好习惯，注重把每个学科的基本功学得非常扎实，这样在考试的时候就不会因为心里的波动或没有自信而造成发挥失常，考试成绩上掉链子了。

🔔 人生就像是骑车一样，最关键的就是如何保持平衡。如何平衡事业与家庭，如何平衡父母与子女，如何平衡爱情与友情。

教孩子学会骑自行车，让我联想到了这样一段话，说一个盲人一旦恢复了视力，要做的第一件事就是扔掉手上的拐杖，即使这根拐杖帮助了盲人很多年。

有人因此感叹人性的悲凉！

我却觉得这像极了我们这些父母家长。因为这根拐杖若是

> 如果您对了，发脾气干吗？
> 如果您错了，干吗发脾气？

真的能够有思想，使用过它的人能够恢复健康会是拐杖最大的期望。这拐杖就像是我们身为父母者，留下自己年老后的步履踉跄，目送着孩子长大后奔向远方！

其实家庭教育就是一个"见缝插针"的过程，在孩子感兴趣的活动中，才有着最良好的接收能力和不知不觉学到知识的环境与心情。我们家长要有善于发现这种机会的眼睛，利用好每一次的生活瞬间去给孩子知识的补充，引发孩子的好奇心，变被动为主动，那么孩子在学习经历中才有机会能变得越来越轻松。正所谓师傅领进门，修行在个人，我们家长就是要当好孩子的这个引路人。

又想起一个小例子跟您分享：

有一年夏天有朋友一直约我见面谈合作授课的事情，但因为讲课的关系没怎么在北京就不得已拖了很久。有一天知道我终于回到北京后，朋友再次联系约见面，但因为我在家陪孩子不方便出去，朋友们就特意从市里开车来到我家的楼下，这次实在没法推辞了，就带着女儿一起去楼下的饭店吃饭聊天。

女儿很喜欢吃毛豆，没一会儿一小盘毛豆居然被小家伙吃光了。我又给女儿要了一份儿，因为平时就

> 不心虚的最佳方法是虚心。

经常跟女儿玩诗词接龙的游戏，加上也担心女儿听爸爸和叔叔们聊天感觉无聊，就突然转身跟女儿说了一句："煮豆燃豆萁"，小家伙下意识地脱口而出"豆在釜中泣，本是同根生，相煎何太急"，那个表情很明显就是在说：这么简单又来考我，哼！哈哈！看着女儿得意的表情一桌子人都开心地大笑了起来。在几位叔叔的夸奖声中女儿也有些不好意思了。我又问：那么闺女你知道这首《七步诗》的具体意思吗？女儿犹豫了一会儿说，知道大概的意思，但不知道该怎么解释。

我指着桌上的毛豆皮，给她解释着这首诗的含义：就好像是说为了要把你吃的毛豆煮熟，饭店的厨师是用毛豆的皮儿生的火，这个"釜"字呢就好比是煮毛豆用的锅，毛豆就在锅里一边被煮着一边哭泣着说：明明你毛豆皮跟我毛豆应该是一伙的，你怎么还把自己点着了来煮我呀？

曹植就是用这个比喻在对他的哥哥曹丕表达同样的含义：你我二人本来是同胞兄弟，为什么你还要我七步成诗，作不出诗就要杀我，要骨肉相残，相煎何

念旧，不是记仇；尊重，不是低头。

太急呢！

　　小家伙很认真地听着，当然了，也没耽误她继续一边吃着毛豆一边频频点头。但我知道这顿饭最大的收获，是今后当女儿每次吃毛豆的时候，都可能会想起曹植的这首《七步诗》，都可能回想起爸爸说过的这段话。

　　在生活中我们家长就是要利用一切尽可能恰当的比喻和事例，让孩子从生活的小事里去慢慢理解这个世界，帮助孩子打开眼界，让知识从书本中走进孩子的生活，让孩子的内心越发充盈。

　　比如，您带着孩子去吃"麦当劳"，可以告诉孩子，麦当劳这三个字包含这样的含义：要想收获麦田，必当付出辛勤的劳动。

　　再比如，您带着孩子去吃"肯德基"，可以告诉孩子，肯德基这三个字包含这样的含义：踏实肯干、积德行善是做人的基本。

"打动"孩子不是"打"孩子

　　身为家长,是孩子在这个世界上最亲近、最信任的人,我们说话的方法、批评的表达都要时时刻刻有意识地控制自己的情绪,**不跟孩子说气话,不跟孩子说反话,不跟孩子不说话**,因为每一次这样的表达都会是孩子内心受到伤害的累加。我总结了一些孩子感觉听了很受伤的话,看看您有没有讲过,有没有听过:

🔔 笨蛋,没用的东西。
🔔 我说了不行就不行。
🔔 我再也不管你了,你爱怎样就怎样。
🔔 给我闭嘴,你怎么就是不听话呢?
🔔 如果你下次考一百分,我就给你买。
🔔 胆子怎么这么小,这有什么好怕的?
🔔 你怎么又错了,怎么这么笨?
🔔 一看你就没出息,将来肯定……
🔔 你怎么就不如别人。
🔔 就知道玩,一说学习都是事儿。

> 自求多福的意思是，自求者多福。

🔔 你以为我愿意总说你吗？
🔔 你还像个男孩/女孩吗？
🔔 我这不都是为了你好吗？
🔔 你就跟你爸/你妈一个德行！
🔔 哭、哭、哭，就知道哭。
🔔 你不要脸，我还要呢！

这些大多数是家长在气头上会讲的话，但也有一些是家长根本不知道会给孩子造成怎样的心理伤害的表达。希望您看后能认真地思考一下，如果是您，听到别人对您讲同样的话，您会是一种什么样的心情，而且请记得这个时候的您是弱小的一方，无力反驳，甚至对方根本不给机会做您想做的表达。

我们需要明白教育孩子，是要去"**打动**"他/她，而不是去"**打**"他/她。打孩子的行为，其实从根本上来说，是因为父母的言语没有用处了，感觉道理讲不通了，父母不知道应该怎么教育孩子时的一种恼羞成怒的行为表达。打孩子后您会发现孩子更难沟通了，为什么？因为是我们逼迫着孩子关上了心门，那是一种非常正常的自我保护机制。试想一下，如果是我们被打，我们是否能够还发自内心地认为对方是有道理的呢？

有些家长很**厉害**（本事大）。

> 做不好学生的人，肯定当不好老师。

有些家长很**厉害**（脾气大）。

前者大多是因为看透了**利害**关系。

后者大多是忘记了过分的严**厉**是在伤**害**。

做不到拥有超乎寻常的耐心，无法控制自己愤怒的心情，当发生了问题的时候不能保持相对的冷静，这样的状态下，我们不可能跟任何人进行有效的沟通，更别说是在跟一个心智还不够成熟的孩子了。

比如说每个家长都会很关心孩子的**功课**，这本身当然没有错。但如果家长只是关心了孩子的功课，那就是大错特错了。我们应该让自己和孩子都搞明白：**我们家长真正担心的其实是，孩子没有能力把未来生活中必然会面临的困难"攻克"**！

首先让自己明白这个道理，然后慢慢将这个道理渗透给孩子，通过举例说明教给孩子，而不是通过指责和打骂，因为这样的效果只会是越来越差。凡事先要找到原因，确定了解了、找到了真实的原因后再去制定方法。

我们来拿一个很多家长都头疼的事情分析一下：

孩子没有时间观念，总是赖床，上学经常迟到。

经历过没？如果还没有经历，以后也基本会体验到的。

造成孩子没有时间观念的根本原因是什么呢？

有人在，用，好手机；有人在，用好，手机。

我们来回想一下，从孩子小时候到长大到今天的年龄，我们是否从没有真正用具体的时间给孩子一个明确的信息。

比如让孩子上床睡觉不要看电视机了，我们是怎么说的：**再看一会儿**就关电视，太晚了，该睡觉了啊。请问："再看一会儿"是多长时间？

比如孩子举着玩具来找我们陪他玩，我们有没有这样回答过：**等一下**，等我做完这件事再陪你玩。请问："等一下"，是等多久？

比如孩子叫我们过去一下，我们有没有这样回答过：马上过来哈，**马上来**。请问："马上"，是多长时间？

比如孩子想要多玩一会儿玩具再去吃饭，我们有没有这样回答：那就只能**再玩一小会儿**啊，不然就把你的玩具没收了。请问："再玩一小会儿"，又是多长时间？

在日常生活中，我们经常性地使用"立刻""马上""等一下""就来""过一会儿"这些模棱两可的话语，孩子自然很难从小逐步地养成时间观念，所以每个清晨爸爸妈妈因为担心孩子上学迟到，急得不可开交，孩子却依然是好像不急不躁的样子也就不难理解了吧！

想让孩子拥有明确的时间观念，就需要我们身为父母者在日常生活中尽量对孩子使用具体的时间、时限，比如孩子要再看一会儿动画片征求我们的意见，我们的回复应该是一个具体

> 人世间最好的**建议**就是，别对他人有太多的**意见**。

的时间："再看 10 分钟或者再看一集就关电视"，这样孩子才会有一个相对清晰的时间界限。当然这里还有一个小的知识点：**我们要给孩子选择的空间**，这样更能让孩子感觉到自己有选择的权利，有被尊重的感觉。可以这样说：宝贝儿，你想再多看一会儿电视是吧，那你看，你是再看 5 分钟还是 10 分钟呢？孩子肯定会选择 10 分钟这个时间，因为 10 分钟比 5 分钟的时间长。您看这里您不知不觉地就让孩子在心里做了一道数学题，还让孩子拥有了选择的权利，而且呢，还达成了我们心里想要达到的目的。在生活中我们家长就是要总结类似的方法和规律，在给孩子回答之前先想一下，我们的回答可能会让孩子如何理解、能否接纳。尽量注意避免不明确的指令和敷衍的回答。

> 我觉得自己就没有什么时间观念，这事儿啊主要得怪我妈！
>
> 因为小时候如果我让老妈第二天 7 点钟叫我起床，基本上早上 6:30 老妈就会掀我的被子，然后告诉我快 8 点了。
>
> 哈哈，您家有没有这样的妈妈，您是不是这样的妈妈呀！

做会"听话"家长

我们家长很爱跟孩子说这样的两个字：听话。

您可以回忆一下，在送孩子上学的学校门口，是否听到过很多的家长跟孩子分别之前说：乖乖地听老师的话啊！或者您就说过同样的话语。

看似随意的一句话，却有太多的家长自己都没有想明白，也当然忘记了告诉孩子：**听话并不是让孩子听别人说啥是啥。**而是希望孩子能够从小养成一种习惯：**要学会去倾听别人所说的话。**因为等孩子长大后会慢慢明白，其实**会倾听就是一个人最好的表达。**大多数家长在说这句话的时候，其实内心里潜意识的想法是希望孩子能够"乖乖的"，不要闯祸、不要惹麻烦罢了！绝大多数家长基本没有想过，孩子听了这句话或许会在心里有这样一种想法：**只能听，不能辩驳和拥有自己的想法。**

很多真正影响到孩子的，其实都是在不经意间我们家长的行为，我们家长的表达。所以，我们真的要更加注意自身给孩子可能造成的影响了，这影响可小可大，问题是很多时候我们根本意识不到，也正因为如此，想想才会觉得甚至有些可怕。

> 世界上最大的骗子，跟您同名。

曾经有一位父亲咨询过这样一个问题：**应该如何说服和提醒自己不要总是给孩子下命令？**

我的回答是：**您只需要记住，发明电灯的是爱迪生，而不是爱迪生——他爸！**

我们家长希望孩子能够听话，那么我们家长更要学会听话，学会耐心倾听孩子的表达。记得无论多忙都要回复孩子发来的微信，要接听或及时回复孩子打来的电话，因为您无法知道哪一条微信、哪一通电话就是您的孩子遇到了问题，孤立无助的时候想找个最信赖的人说说话，孩子也许没说，但其实就是内心在求救的一种表达。

还有我们要记得，尽量耐心地去回答孩子那些看似无聊的问题和对话，因为这些都有可能是您的孩子想要敞开心扉的开始。

讲道理，会沟通

大道理的"大"，大多就是我们这些所谓大人的"大"。

知道吗？对于孩子来说，父母做的最不讲道理的事情就是，总讲道理。

比如针对孩子**说谎**这件事，我们可以通过大禹治水的故事感悟到一个"堵不如疏"的道理。孩子说谎了，我们不能只是告诫孩子不能再说谎，说谎是不对的；我们不能只论"对错"，更要想办法去说清楚说谎的"利弊"！

我们可以说：宝贝，不让你说谎，不只是难过被你骗了。而是不知道以后，还能不能信任你，不知道还能相信你所说的哪句话。

通过这样的表达，孩子能感受到我们本来是信任孩子的，但因为说谎这种行为，孩子是可能失去我们的这份信任的。还应该给孩子举具体的事例，比如爸爸/妈妈明明答应你，只要你考了一百分就在周末带你去儿童乐园的，结果你考了一百分，爸爸/妈妈却说谎不承认了，你的心情会怎么样呢？

人，只有在感受到失去时，才会真正地开始懂得珍惜，不

> 尊严的另一层含义或许是，
> 尊重他人，便是庄严自己。

分年纪，都是一样的道理。

当孩子不按照您的意思做的时候，<u>错误的表达</u>：我不都是为你好吗？<u>建议的表达</u>：爸爸/妈妈觉得这样做会更好些，你觉得呢，宝贝儿？

当您生气的时候，<u>错误的表达</u>：要不是因为你，我会这么生气吗？<u>建议的表达</u>：爸爸/妈妈有点难过，但是跟你没关系，谢谢你陪在爸爸/妈妈身边，爸爸/妈妈爱你，宝贝儿。

当孩子调皮捣蛋的时候，<u>错误的表达</u>：你再不听话，我就不要你了。<u>建议的表达</u>：虽然爸爸/妈妈会一直爱你，但是你现在的这个样子爸爸/妈妈真的喜欢不起来。

当孩子不听您的话的时候，<u>错误的表达</u>：连我的话都敢不听了是吗？<u>建议的表达</u>：告诉爸爸/妈妈你是怎么想的好吗？

当孩子喋喋不休的时候，<u>错误的表达</u>：给我闭嘴！<u>建议的表达</u>：我们一起听个故事好吗？（转移注意力）

当您忙着的时候，<u>错误的表达</u>：别烦我，没看到爸爸/妈妈正忙着吗？<u>建议的表达</u>：你是有什么话想对爸爸/妈妈说吗？如果不太着急的话，等忙完了爸爸/妈妈再认真听你说好吗？

比知足是福更大的福，是造福！

当孩子哭闹的时候，错误的表达：不准哭，我数三个数你就给我憋回去。建议的表达：爸爸/妈妈知道你很难过,宝贝儿,爸爸/妈妈能理解你,你愿意说说你希望爸爸/妈妈怎样做吗?

当孩子不想分享的时候，错误的表达：你怎么这么小气,不懂得分享，这么抠啊。建议的表达：小朋友对你的玩具感兴趣，他可能没玩过，你教教他怎么玩好不好？

只要您的目的是解决问题，该做的第一件事就是要保持冷静，语气要做到平和，表情要做到温和，那么接下来您说的话才可能会被接受。

沟通有三个要素，分别是**内容**、**语气**和**肢体**。

其中**肢体**在三者中的占比是 **55%**，**语气**的占比是 **38%**，而**内容**的占比仅仅是 **7%**。这能说明什么道理呢？

这说明如果我们的肢体让孩子感受到了威胁，且语气生硬、冰冷包含指责情绪，那么无论我们的语言表达的内容多么的正确、多么的有逻辑，都基本没有用处了，因为孩子会因我们的肢体和语气所造成的压力，产生恐惧的情绪，耳朵里听到的和实际感受到的产生极大的差距，因而虽然听到了道理，却听不进道理。**其实我们大人也是如此的。**

家庭教育的着力点

沟通的三要素，不仅仅适用于我们家长和孩子之间的交流，而是适用于所有的人际交流与沟通。所以才会有了"微笑服务"的出现，微笑就是一种肢体和语气的结合，这种表情使人感到舒适、觉得安心，自然而然地让人下意识地放下防备，愿意去倾听和接纳。

其实这一点在夫妻之间显得尤为重要，中国的文化相对西方来讲比较含蓄和内敛，我们不会每天都说上几句我爱你，也很少有夫妻会在上班出门前吻别，基本上拥抱的次数也很少，那么"笑脸"，就显得更加珍贵和重要了。

不知道有多少丈夫都会觉得，回家后能看到妻子脸上的微笑，就是一天疲惫的最好的解药。当然了，也有一样多的妻子希望回家后，能看到丈夫心甘情愿地分担家务，愿意专心倾听自己的话语。而我想说的重点中的重点在于，我们家长基本上都意识不到，家庭里所欠缺的这些东西，我们的孩子每天都能感受得到，爸爸妈妈相处的态度、情绪，都在决定着我们的孩子在这个家里生活得是否开心，是否安心。并且父母之间的关

比穷养、富养更重要的是**教养**。

系是否和谐、是否稳定，也在潜移默化中影响着孩子未来的爱情观，这个爱情观的"观"字，我们当然都希望会是**乐观**的观，但也可能会是**悲观**的观，这取决于我们夫妻之间那些没有意识到这一点的很多很多个生活瞬间！

所以才会说，家庭教育的核心在于——夫妻关系！

特别想告诉所有的家长一句话：**千万别忘了肢体语言，也是语言、就是语言！**

注意我们的肢体语言的表达，再去调整我们的语气、表情，我们的话语才会、也才能够更有分量，更能让孩子走心。

我把这个过程总结为六个字：**体态——心态——变态**。

注意调整肢体的形态，通过调整心态来控制好我们的语气和表情，至于"变态"的意思是提醒我们记得改<u>变</u>、调整我们的状<u>态</u>。我希望能用含有歧义的这两个字来刺激您的神经，加深您的记忆。（还请不要见怪！）

在这还想跟所有身为老师的人，做一个友情提醒，那就是不要在给您的学生布置作业的时候留这样的作业：**帮助爸爸/妈妈，做一件家务**。我们家长在表扬孩子的时候，也不要有类似的语言：谢谢宝贝儿帮爸爸/妈妈干活或者做家务了！

因为孩子做家务，并不是在帮忙。我们不要让孩子以为做

> 长相没有达到"好美",却不影响成为"美好"。

家务是在帮助着爸爸/妈妈。因为孩子本身也是家庭的一员,**家务是每一个家庭成员都应该承担的责任和义务**。这一点身为丈夫的人,也要清楚,做家务不是在给您的妻子帮忙,而是理所应当。

父母对孩子的影响无处不在,甚至可以说是无孔不入的。当今这个信息爆炸的时代、这个竞争激烈的时代、这个浮躁而快节奏的时代,给身为父母的我们提出了更高的要求,因为我们所有的家长都"要"我们的孩子能够在这个时代生存下去,生活得好一些、再好一些、更好一些。

所以我们家长在孩子小的时候就希望他们能够学习成绩好,能够认真、能够自觉,将来能够考上我们当初没考上的大学或者考上当初我们都不敢想的大学,少走一些我们走过的弯路,少吃一些我们吃过的苦。

但我们大多数家长又错把学习这两个字等同于了成绩,这一点作为一个父亲我当然能够理解,却又不得不提醒一句,**学习这两个字应该是我们希望孩子拥有终身学习的能力**,这个学习包含了太多的东西,绝不等同于学校里的考试成绩。请回想一下之前讲到过的关于在"幼儿园"学到了最重要的知识的那个故事所包含的寓意。

不做"没用"家长

在现实生活中，孩子在学习上出现的问题，归根结底大多数都不是学习的问题。

很多家长苦恼于孩子的**不用功**，其实我们家长做了很多的**无用功**，比如很多家长犯愁自己说过的话**没用**，然而真正的原因是我们家长"**没用**"，这个没用指的是：**没用对方法、没用对环境、没用对语气、没用对表情。**

有一个心理咨询的案例，让我十分痛心。

> 一个11岁的男孩A（为尊重隐私，用A来代表这个孩子），从小学习成绩就很好，突然之间却表现得对学习非常排斥，成绩从全班的前三掉到了最后几名。孩子的爸爸跟孩子多次沟通，却没有任何效果，最让一家人头疼的是根本找不到问题出现的原因，不明白孩子到底发生了什么事情。最后在我跟孩子单独沟通的过程中，才渐渐了解到问题的始末缘由，又跟孩子爸爸沟通后也验证了孩子的说法。
>
> 其实就是一件小事，一件孩子爸爸早就忘记了的

> 比起让孩子成为孔子、孟子、老子、韩非子、鬼谷子更重要的是，别让孩子成为败家子。

"小事"。在一个周末，孩子爸爸陪着孩子到家附近的小公园玩，公园里有一个小滑梯，几个孩子玩得不亦乐乎，孩子爸爸就在一旁跟其他的家长聊天。突然孩子间发生了争吵，原来是因为另一个孩子玩滑梯不排队引起了其他孩子的不满，在推搡的过程中，去劝架的孩子A却被打了两下哭了起来。家长们过来把孩子们拉开，了解了原因后，孩子爸爸其实很气愤，但发现那个打人的孩子是由妈妈陪着来的，刚才还都在一起聊天，孩子爸爸觉得不好跟一个妈妈去争论，就把气儿撒在了自己的孩子身上，对自己的孩子说了这样一句话："你劝什么架，显（摆）你能呢，能不能好好玩？不能好好玩，滚回家写作业去。"

就是这样一句话，使孩子郁闷得不行。回到家里就把自己锁在了房间，因为受了委屈是一边哭着一边写完的作业。据孩子说就是从那一天起，每一次写作业都会觉得委屈、烦躁，上课也没了之前的兴趣，再也打不起精神。

知道了前因后果，孩子爸爸还是觉得有些不可思议，不解地问：刘老师，真的就因为这么一句话，孩子就能受这么大的

价值，不等于价钱。

打击，变成现在这个样子吗？

我只说了一句话，孩子爸爸呆了一下，然后就像个孩子一样捂着脸默默流泪。

我是这样说的：**因为您这句话，是把写作业和学习，当作了一种惩罚！**

这个真实的案例让我印象极深，每个人承受压力的能力各有不同，更何况每个家庭的孩子都在被宠爱中长大，一句不被理解的话，一件被冤枉的事，对于孩子来说都是天大的事，久久不能释怀。正基于此，作为最亲近的父母才要加倍关注孩子的内心世界，千万别让孩子因为灰心、因为失望、因为没有人理解而最后无奈地关上了心门。

阅读如何变"悦"读

不管我们多么不愿意相信，在当今社会中，焦虑、抑郁的孩子都在与日俱增。我们都希望自己的孩子不会在其中，但如何保证自己的孩子一定不会在其中，就成了我们家长必须学习的课程，也更取决于我们能否把这门课程中学到的内容加以运用，变成实际而有效的行动。

让孩子学习最好的方法无疑是能够化被动为主动。而这个从被动到主动的演变过程就需要我们家长参与其中，去引导、去带领。

我的女儿从小很爱看书，这个习惯的养成我不敢居功，不过的确有意识地引导过，举一个小例子，事先说明举这个例子的初衷是供您参考和借鉴，绝非为了什么炫耀！

应该是女儿五六岁的时候吧，有一次我们俩出去玩了很久才回家，洗了手吃了东西后觉得挺累的，我就跟女儿说："宝贝儿，你自己玩会儿吧，老爸得休息一下。"女儿痛快地说了句："好啊。"我拿了本书靠在沙发上看，不一会儿，女儿从房间去厨房冰箱拿

> 无论在你的人生中，用**失**字组成了什么词，如失意、失败、失眠、失恋、失去，都请记得别对这个世界——彻底失望！

冰淇淋路过，见我在看书，就指着我说："老爸你骗人，你明明说要休息的！"这句话把我说得一愣，我灵机一动反问了一句："谁告诉你看书不是休息的呀？"女儿学着"一休哥"的动作，用手指在头上画圈，然后好像恍然大悟似的一拍小脑袋说："也对，那我也要去看绘本！"转身跑去拿了一本绘本，挤着我在沙发上一起靠着，一边看绘本一边舔着冰淇淋。那幅画面至今我还记得，主要是我记得小丫头拿着冰淇淋逗我然后又不给我吃的笑嘻嘻的表情。

读书如种树，翻页即乘凉。

之前讲的案例是说，家长把让孩子写作业当成了惩罚。而这个小例子是想说，我们完全可以引导孩子去把读书当成一种休息、一种快乐。比如可不可以这样引导您的孩子："今天爸爸/妈妈在地铁上看到一个小姑娘，靠在门边很认真地在看一本书，在满车厢都是看手机的人群里，她显得特别的**酷**，以后爸爸/妈妈也要随身带着本书看。"想象一下，这段话会在您孩子的心里种下一朵什么样的花儿！

很多时候我们家长的言行举止都像是在孩子的精神世界里播种着，种瓜得瓜、种豆得豆，我们希望孩子长成一棵参天大

> 恨一个人犯的错就好，别轻易去恨这个人。爱一个人的本身就好，别只是爱他的优点。

树，那就要看我们怎么撒籽，怎么种花。

比如我们还可以这样回答孩子关于读书的问题：**读你没看过的书，就像偶遇了良友；重读你看过的书，恰似重逢了故人。**

这些话，是不是比起"书中自有黄金屋，书中自有颜如玉"更能吸引孩子呢？是不是比高尔基说的"书籍是人类进步的阶梯"更有可能让孩子听得进去呢？

告诉孩子读一本故事书，一定不要先翻到最后几页去看故事的结局。(<u>就像每个人都注定必将死去，但墓地不是目的，生命的必将逝去，是让人类在活着的有限岁月里学会珍惜，去寻找到属于自己的生命的意义。</u>画横线的内容由您决定是否与孩子探讨，这取决于您有没有准备好一场关于生命意义的对话)

我们负责引导，然后让孩子自己去寻找、去发现读书的乐趣，比起我们督促孩子读书，勉强孩子读书，更有效，也更有笑。

很多家长会用物质奖励的形式奖励孩子的考试取得了好成绩。我们能否把这份奖励变成，只要孩子完成了目标，就可以获得喜欢的、想要的书籍呢？您不妨一试。

努力让**阅读**在孩子的心里变成**悦读**！

还记得女儿的一句话，让我感悟到的一个全新的道理。

有一次跟女儿玩成语接龙的游戏，玩着玩着女儿

> 算命先生永远不会告诉你的是，预测未来最好的方法是创造未来。

突然"不讲武德"，从成语变成了诗词，于是我们就背诵到了《木兰辞》，当我背完：东市买骏马，西市买鞍鞯，南市买辔头，北市买长鞭。女儿问我："老爸，花木兰为什么要东西南北跑一圈儿，咋不去个大超市一次都买齐了呢？"听了这话我哈哈大笑，笑过之后不禁开始一边思考一边回答女儿的问题："她要跑遍东西南北是因为过去的商业不够发达，当时根本就没有超市这种把多种商品集中到一起的集采中心。"说完这些我又想到另一个**从未想过**的可能："或许作者这样写还有着另外一层寓意，那就是用花木兰跑遍家乡的每个方向来暗示我们，花木兰虽然是心甘情愿地替父从军，但她对自己的家乡还是有着深深的眷恋的，临别之时利用买东西的机会再将故乡的每个角落走个遍，寓意着如果没有战争，又有谁愿意背井离乡，不知归期呢！"

后面的这个"可能"，就是因为女儿的一个提问才产生的灵机一动。

家庭教育的双向性

  家庭教育是双向的，我们家长在养育孩子长大，孩子也在反过来促进着我们的成长。

  教育学家亨里希·裴斯泰洛齐，提出过教育的本质是："一个具有智慧的教育工作者不是找出孩子有何不足，而是为了孩子具备的能力欢欣鼓舞。"我们身为父母者就应该向成为一名家庭教育工作者的方向而努力，或许这个岗位我们做不到多么的优秀，但为了孩子，一切的努力都会是值得的。

  我们先去努力学习掌控对抗逆境的能力，才能在孩子面对逆境时哪怕在经济上欠缺帮助的能力，也可以在精神上、在思维上给孩子具有建设性的建议。若是我们总把诉苦、抱怨当成了减压的工具，那么这种消极的方式就会慢慢演变成在孩子耳边奏响的催眠曲，让孩子在不知不觉中沉迷，昏昏睡去，失去了面对困境时叫醒自己的能力。

  我们家长尽量引导孩子自己去读书，自己去体会解决某个问题后长出一口气的那种释然。每一个孩子自主排除的困难和解决的问题，都是使他的生命保持活力的良药，是使孩子的自

> 有些人未必是坏，可能是还不够好。

我意识和自信获得发展的基石。

- 🔔 我们在教育孩子的同时，孩子也在教育着我们。
- 🔔 若是孩子总被轻视，他将可能会自卑。
- 🔔 若是孩子总被批评，他将可能变得不自信，也可能学会给别人扣帽子。
- 🔔 若是孩子总被嘲笑，他将可能变得羞怯。
- 🔔 若是孩子总被谩骂，他将可能充满仇恨，甚至最恨的人会是自己。
- 🔔 若是孩子得到认可，他将可能学会自爱。
- 🔔 若是孩子受到保护，他将可能学会信任。
- 🔔 若是孩子受到鼓励，他将可能学会自信。
- 🔔 若是孩子受到公平对待，他将可能学会公正。
- 🔔 若是孩子获得宽容，他将可能学会忍让。

其实通过看到孩子的身上出现了的问题，反向思考就可以判断出我们家长在哪些方面处理得不够好。只是我们不太会从这个角度去看待、去思考。

家长要给孩子正向的引导，先要使自己成为充满正能量的人，给予孩子持久、稳定、均衡的爱和关心，那么孩子能够健康地成长就会水到渠成。

> 不插队、不插嘴、不插足。

正所谓：**众生畏果，菩萨畏因**。

别等到出现了不好的结果，才去遍寻"灵丹妙药"。

比如等到孩子上学之后，出现比较多的一个问题就是发现孩子的专注力不够，上课经常会"搞小动作"，写到这儿我就不禁想起自己小时候多次得到过这个评价，哈哈。

那么现在出现的问题是：**孩子的专注力不够**。我们先不说怎么解决，先找找这个问题出现的可能的原因是什么。

我们想一下，在孩子很小的时候，当孩子在比较专注地看电视的时候，在孩子很投入地看绘本、画画、玩玩具的时候，我们家长有没有经常去打扰孩子呢？一定有的。

时不时我们会提醒（其实就是种打断、打扰）孩子：

> 你别坐在地上玩啊，地上凉，来，坐沙发上来！
> 宝贝儿，你饿不饿，想不想吃东西？
> 你热不热，把这件衣服脱了再玩。
> 宝贝儿，喝点水，喝点水再看。
> 宝贝儿，是不是该小便了，走，上个厕所再玩。
> 来，吃点水果，一边吃一边看，听话。
> 该吃饭了，就知道玩，赶紧过来。
> ……

> 三观，是用来约束自己的，
> 而不是用来评价别人的。

我们家长一直在不知不觉地不断地打断着孩子，将孩子的注意力从某个很感兴趣的事物中拎出来。这样孩子慢慢就会养成一种习惯，一种很难长时间投入到一件事情里面的习惯。这样的孩子未来出现上课精力不集中，写作业的时候有各种小动作也就不足为奇了，更何况活泼好动本是孩子的天性，您同意吗？

您想过没有，为什么我们从小到大基本上每一节课的时间都是 45 分钟呢？这是因为人在同一件事情上的专注力基本就能维持在 40 分钟左右，再加上从健康的角度考量，间隔了 45 分钟，人的颈椎和身体都需要活动和放松，所以您回忆一下或者翻看一下孩子的课程表就会发现，每一天的课程设置基本都会将不同的学科穿插着进行，而不会一上午或者一下午都上同样一门课程。因为孩子也好，成人也罢，都是需要"换换脑子"的。

所以在人的注意力本来就很难维持较长时间的前提下，孩子从小又被迫习惯了被打断，那么专注力不够集中、有一点风吹草动就容易被牵扯了注意力就是一件其实挺正常的事情了。

介绍一个"小套路"给您尝试一下，我们家长可以在家里

去表达情绪,而不是带着情绪去表达。

看书的时候明明听到了孩子的叫声,先假装没听到,等到孩子叫了几次后再答应,然后给孩子解释因为太投入了,居然没听到。您可以尝试尝试,看看能不能在孩子心里种下真的投入就很难听到外界的声音、很难被打断这样的种子。

家庭教育中的技法

破坏总是比建设更容易。

那些我们亲手在孩子的心里好不容易建立起来的东西，很容易就被我们在不知不觉中又亲手摧毁。

所以当我们要去更改一个坏习惯，弥补某个事情的时候，当然就要付出更多的时间和持久的耐心。好像记得有首歌的歌词中有这么一句：不打扰是我的温柔！所以请在生活中注意一下这些细节。

教给孩子知识最好的环境就是把知识和生活结合在一起的方式，在不知不觉之中。比如，当我们和孩子走在街上，就可以将**盲道**指给孩子，告诉孩子盲道的用途，我们不应该阻挡和占用盲道。还可以引申到其实读书就是能让我们摆脱文**盲之道**的最佳方式。

因为女儿小时候不喜欢吃"西红柿炒鸡蛋"这道菜，为了让孩子不挑食、营养均衡，我就想了一个主意。在每次这道菜出锅前会撒上一层香菜丁，重新给这道菜起了个名字叫作**"红绿灯"**，因为西红柿是红色、

> 别怕，不富此生。但求，不负此生。

鸡蛋是黄色、香菜是绿色。这个名字一下勾起了女儿的兴趣，每次吃这道菜的时候小家伙都会念叨着红灯停、绿灯行、黄灯示警。

哈哈，您就当我在跟您炫耀自己的小聪明。但就是这种小聪明改变了孩子不爱吃一道菜的现象，所以我写出来给您一个参考和借鉴的可能。在现实生活中，我们家长就是得绞尽脑汁地去想一些办法，让我们能把觉得对孩子好的事情变成可能，其实有时候也是挺有乐趣的，是吧，愿您也能多次取得这种"成功"！

再比如，相信在过马路的时候您肯定会牵着孩子的小手，嘱咐孩子过马路时一定要走人行道、走"斑马线"，关注来往车辆，要注意安全。那么这里就又是一个引导孩子学习新鲜事物的机会了。

家里的绘本或者手机上都可以找出"斑马"的图片，您可以考一考孩子：宝贝儿，你觉得斑马应该是黑底白花还是白底黑花呀？孩子当然不懂，您就可以把知识分享给孩子：斑马是黑底白花，刚出生的小斑马身上是黑色的，随着长大才会慢慢长出白色的条纹，而且呀，每一匹斑马身上的花纹都不相同，就好像我们人类的指纹一样。你看我们脚下的斑马线，为什么

> 抱歉我知道自己不够好，因为我的敌人太过强大，他是我！

会叫作斑马线呢？就是借鉴了斑马身上的花纹，所以你看人行横道的地面是黑色的柏油路，人们在上面喷绘了白色的条纹，很像斑马，所以才给它起名字叫作斑马线啦！

这种情况下，孩子会被引发好奇心，很可能过了马路还会回头张望，回到家里我们就可以根据孩子的兴趣重新去看斑马的图片，等于再次温习刚刚所讲的内容。再用家里的电脑、iPad或者手机查询斑马、查询人的指纹、查询柏油路为什么叫柏油路、查询因为有人过马路不遵守规则出现的危险情况等，查询、学习孩子所关注的每个方面。我们陪着孩子查询资料，等于让孩子潜意识里知道了手机、电脑的正确用途，我们家长自己也会学到很多新的知识，以及之前从未关注过的事情。记得**偶尔发出一些惊叹，感谢孩子提出的问题**，因为如果没有孩子提出的问题，我们从没想过要去了解这些事情，孩子会获得成就感，从而能更加激发孩子去探索世界的欲望和好奇心。

承认吧，如果不是为了讲课和写书的需要，我自己也不会知道斑马到底是黑底白花还是白底黑花的，哈哈！

这些个事例都在生活的点滴之中，而正是这些生活琐碎事情的累积，决定着我们的孩子能在我们家长身上、通过我们家长的引领，学到什么、好奇什么。

> 道理在书上，道在路上，理在行上。

有一次我带着女儿去北海划船，巧遇了一个学生，学生很是热情，正好负责划船收费的是这个学生的亲戚，于是学生安排我们优先上了船，还说什么也不肯收费用。女儿一直玩得很开心，我也因为学生的热情，满足了内心里的一点小虚荣。直到回家后，女儿跟妈妈汇报着老爸今天划船不排队还不给钱的事情，我才开始意识到自己犯了错误，为了满足虚荣心和获得便利，给女儿做出了非常不好的示范。我向女儿道了歉，解释了原因并保证下次绝不会这样，并耐心接受了女儿的批评。

家长的每一次待人接物，孩子都会看在眼中，且默默衡量着与我们教导的内容与我们的言行是否相符合，是否有冲突。这件事又一次给我敲响了警钟，每次想起都会提醒自己是否做到了那些曾经告诉过女儿的道理。

很多道理都要深究其理，很多道理都靠身体力行，就像我们家长一直说的"学习"两个字一样，**其实学习，是两件事。学是学、习是习，学是学知识、学道理，而习是实践、是演习。**如果说学是言传的话，那么习就是身教了。所以我们才会说，学习从来不只是孩子的功课，更是我们身为父母者的修行。

"做比较"不可取

身为父母的我们还要明白一个道理，那就是不要轻易地**给孩子下定义**。比如我们让孩子有礼貌地和别人打招呼的时候，孩子因为害羞或是没见过这个人觉得陌生等原因没有叫人，这时我们千万不能由于面子的问题去这样解释，说我家孩子性格比较"内向"，不好意思啊。

说者无心、听者有意，这样的话语听多了，孩子的潜意识里就会真的认为自己应该是内向的，而且会把很多自己不好意思做的事、不好意思说的话归咎于此，久而久之，就可能真的变得越来越内向了，但这种内向是一种隐藏式的内向，是孩子越发不自信的一种外在表现。

还有的家庭有两个孩子，那么两个孩子就有了对比，就会有家长经常这样定义：我家老大比较内向，小的就比较外向、皮得很。这样无意识的表达只会让小的孩子更加无法无天，让家里的老大的性格更加趋于内敛。

我个人认为，孩子是不应该有内向和外向之分的，孩子只有会不会表达和愿不愿意表达的区别。如果环境是熟悉而安全

> 养成学习的习惯，其实就像我们回家，都要先入门然后再登堂入室！

的，相处的人是孩子信任的，孩子的心情又是放松的，那么我们相信是没有所谓内向的孩子的。

如果我们觉得自己的孩子性格过于内向，我们要做的第一件事就是该反思自己的家庭是否没有给予孩子足够的安全感，是否对于孩子的要求过高或者指令性的对话多了一些，从而压抑了孩子活泼好动的天性。

希望别让我们对孩子的评价或定义，成了我们最爱的孩子在这个世界上最强大的心理暗示。

我们家长时刻都在影响着孩子，甚至不仅限于影响着我们自己家的孩子。

不知道您有没有到亲戚或者朋友家里问过这样的问题，或者您的亲戚朋友到您的家里问过这个问题：**宝贝儿，你是更喜欢妈妈还是更喜欢爸爸呀**？

无论这个孩子怎样回答，都是在将这个孩子心里本来应该是一体的爸爸妈妈拆散成了两个人，让孩子因此有了区别之心。

其实这是**一个非常愚蠢的问题**！也是"幼吾幼以及人之幼"的另一个含义。

比较的心理，来自于我们成人的功利心和虚荣欲。穿的衣服拿的包要名牌，开的汽车要高档，用的手机要贵重等不胜枚

> 宝贝儿，我的开心是你；你
> 的开心，不必只是我！

举。于是这种心态就不知不觉存在于我们的价值观和言行举止中了。于是我们吵架时经常会说：**"你看那谁谁家的丈夫/老婆，人家就不会这样，你看看你！"** 下一句话，我们应该都能接得上来：**"他/她那么好，那你跟他/她过去呀！"**

您看，**被比较**是一件我们大人也不愿意的事情。那么，就请我们一起别让我们的孩子再去感受类似的心情了吧。

所以一切的一切，都在于我们身为父母者，真的要提升自己的格局，别一听让父母学习就觉得是从内心感觉抵触的话题。回想一下为什么孩子也都不喜欢被强迫着学习，是不是像我，也像你！

我们作为父母需要学习，却也不仅仅是为了影响孩子而去学习，别忘了我们自己也是父母的子女，我们的身上也有着上一辈的期待和希望。我们首先要能成为我们自己，找到自己在人世间生活的意义，为了实现自己的人生价值而不断地努力。这样的父母才会潜移默化地让孩子觉得追求梦想是那么的美丽，从而拥有朝气，拥有信心在人生的道路上披荆斩棘。

时时皆教育

我们家长如何应对方方面面的压力，如何面对生活与工作中的困境，如何在夫妻争吵时控制自己的情绪，才是让孩子能够感知到更多为人处世的道理和方法的关键所在。有一座寺庙里的对联写着这样的语句：**孩子不会按照父母希望的那样长大，而是会按照父母的样子长大。**

所以，什么是真正的家庭教育呢？其实家庭教育就在我们家长没有想着要教育孩子的每分每秒和时时刻刻。

之前我在课堂上讲过的一句话，引起了一些争议，原话是这样的：**真正的家庭教育就是不教育！**

我想表达的含义是因为我们现在的家庭教育基本上都是靠言语。而比起言语，父母在实际生活中的行为才更能让孩子的模仿能力有了用武之地。所以作为孩子的老师，作为孩子接触最多的人，作为孩子最亲近的人，父母家人的生活点滴才决定着孩子的身上能够拥有怎样的特质。让孩子成为什么样的人，取决于我们家长是什么样的自己。

还有我印象很深的一件事分享给您。

> 我是这么劝自己的：你这么做，必定有你的原因；而你的原因一定是我的原因！

一次跟北京大学的一个教授吃饭，教授是带着小儿子一起参加的饭局。在吃饭的过程中孩子一直吵着要回家看电视去，几次过后觉得不好意思的教授拿出了自己的手机，让孩子乖乖地坐在一边玩游戏，别打扰大人们谈事情。大约一年后我突然接到了教授的电话，电话中他让我帮忙出主意，因为现在他的小儿子已经对手机产生了严重的依赖，只要回到家里几乎是片刻不能离。当我帮教授回忆了一年前的那场饭局，教授在电话里愣了很久，长长地叹了口气。

说起这个事情是想分享一个实实在在的道理：**孩子的很多坏习惯，的确就是我们父母惯出来的。**

所以教育孩子最需要关注的就是生活细节，"勿以恶小而为之"在现实中的意义就在于此。

在生活中我们为人父母的随手乱扔了一次垃圾，都可能是把这垃圾扔在了自己孩子的心里，因为孩子会觉得乱扔垃圾是可以的，会不自觉地加以模仿，甚至"发扬"。

我们家长经常会在看到收废品的人、乞丐或者扫大街的环卫工人时想到教育自己的孩子。不知道您小时候有没有听过类

> 从小读过很多寓言故事，听过长辈很多预言故事，记得自己编写育言故事。

似的话，有了孩子后又有没有对您的孩子讲过同样的话："**现在不好好学习，将来你就只能去收废品/扫大街/当乞丐！**"毫无疑问，讲这种话的父母是会真心替孩子担心未来的，但这种"刺激"只会伤害到孩子的内心，孩子会下意识地觉得自己被瞧不起。因为在孩子的心里理解不了这种因果关系，这样的话语只能是把孩子和收废品的人、扫大街的人、当乞丐的人一起拉低。所以选择这种情境来教育子女的家长完全选错了时机。正确的方法应该是，当您的孩子跟您要钱，想去送给乞丐的时候，您一边掏钱一边说上这么一句："**宝贝儿，你跟爸爸/妈妈要钱去帮助别人，我很开心，因为你这样做说明你是一个很善良的孩子，所以爸爸/妈妈才一直特别希望你能努力学习，这样将来长大后你才有<u>更大的能力</u>去帮助到更多的人！**"

试想一下，不同的引导方式会在孩子的心里留下怎样形成鲜明对比的痕迹。

家庭教育的传承

现实生活中我们成年人都好像比较抵触**心灵鸡汤**类的话语，但这份抵触更多的是源于我们在生活中经历过的不如意和种种的无能为力。所以我们才会觉得心灵鸡汤是属于站着说话不腰疼的轻飘飘的话语，于现实无益。

但其实我们每个人都有着自己深信不疑的心灵鸡汤在自己的心里，并一直仗之与这个现实世界中的种种不如意为敌。比如我们看电影、电视剧内心中希望看到的都是大团圆的结局，因为我们都倾向于去相信好人有好报，因果有循环的道理。我们每个人的心里都心存着善意，只是受过的伤多了，才让我们的善良变成了如今的小心翼翼。但我们不该将这种小心翼翼过早地在不知不觉中向孩子传递，我们可以告诉孩子防人之心不可无的道理，却别让孩子从小就觉得这个世界充满了恶意。

我们家长就算是为了孩子，也要努力让自己充满正向的能量，且不是被照亮而是心里就有阳光，面对困难时不说知难而上，也要有面对困难的勇气而不是让孩子看到我们垂头丧气的模样。我们家长要保持善良，在有能力帮人一把的时候绝不吝

> 黑暗不只是夜晚，也是你闭上的双眼，更是你失去期许和希望的每天。

惜自己的力量。这样我们的孩子才可能会在未来乐于助人、懂得分享，人脉也由此而来；这样我们的孩子才可能在未来内心善良、乐观开朗，人品亦因此而生。

这些理念是有据可查的，就像在《弟子规》的开篇中就提到了：弟子规，圣人训。**首孝悌，次谨信。泛爱众，而亲仁。有余力，则学文。**

这体现出了在古人所倡导的家庭教育理念中，对父母长辈的孝敬和兄弟姐妹之间的和睦才是教育的最重要前提，其次是要为人恭谨和处事诚信，再次是要有爱心、亲切、仁厚，在把这些都教导到位的基础上，再花精力去学习其他文化知识。**因为这些才是人之所以能够有资格被称之为人的根本原因。**在这些的基础上学习的所有知识和技能才会不跑偏，否则的话，一个品行败坏的人，越是有能力，对这个世界的危害也就只能是越大。

《三字经》中也有类似的内容：**首孝悌，次见闻。**这也是同样的含义，首先都是要把孝敬父母和友爱兄弟姐妹作为教育的前提和重中之重。

古时候的家庭因为没有计划生育的限制，子孙辈的人数比当今社会要多得多，每逢节日或长辈寿辰，老人便被众星拱月

> 家和万事兴的前几句是：父爱则母静，母静则子安，子安则家和。

一般备受尊崇。而在当今社会中，几代单传的人家屡见不鲜，孩子一出生可能就处于了爸爸妈妈、爷爷奶奶、姥姥姥爷六个长辈，更别提还有其他的叔、姑、舅、姨的呵护之中。现在的孩子从小就是家庭的焦点和中心，家人长辈的关爱当然没有错，但如果忽略了对孝悌、礼仪等德行方面的培养，这个孩子从小就会不自觉地以自我为中心。因为孩子每一天都生活在亲人的关注之中，各种愿望都能通过不同的亲人得以满足，那么如果孩子的性格中出现了自私、挑剔、任性等也就不足为奇了吧。

《三字经》中还有另外一句形容家庭教育非常贴切的话语，那就是：**性相近，习相远**。我是这样理解这句话的，每个孩子出生时的天**性**是很相近的。造成孩子长大成人后，为人处世的差距的根本原因就在于，我们每个家庭的教育理念与方法的种种不同，造成了孩子的**习**性因而各异。

所以，如果往大一点来说的话，**家庭教育才是我们人类社会之所以成为如今这个样子的根本原因。**

为了孩子的未来更美好

如果让您说当今社会的"坏话",您会想到什么?是否有这样的词语:现实、空洞、浮华、虚荣、市侩、贪婪、功利、钻营。这些负面的语句是从何而来,又是因为什么而造成的呢?我们可以怪别人,也可以说是因为大环境,但其实归根结底最需要的还是我们**每一个人**的扪心自问。

我们当然不愿意我们的孩子,未来也生活在充满这样负面问题的社会之中,那么我们改变不了别人,是不是也要竭尽所能地去改变自己的家庭。让我们,让我们的孩子,不断成为越来越好的人,这个世界才可能会变得越来越好,虽然只是可能,但为了孩子,为了孩子的下一代,也值得憧憬!

比如,为了孩子的健康和快乐,您可以经常带孩子去游游泳,孩子在游泳池里会很开心和放松,因为温度适宜的水池会很像未出生时孩子在妈妈肚子里所处的环境。而且在水中因为压力的原因对人的皮肤和心肺功能都有好处。如果孩子怕水或不太喜欢游泳您可以试着这样引导:宝贝儿,如果你学会了游泳,将来呀你就有可能在看到落水的人求救的时候,有能力去

> 越是宝藏，才藏得越深。

帮助他，可能挽救一个生命。而且假如在爸爸/妈妈陪你游泳的时候如果我们的脚突然抽了筋，你也能随时帮助到我们。

通过这样的引导，我不敢说一定能成功地让您的孩子喜欢上游泳，但起码我们在孩子的心中让游泳不再只是一种游戏方式或体育项目，而是变成了一种可以有机会帮助到他人的技能。孩子的世界观通过对游泳这件事上的看法和理解就可能在一开始就变得与众不同。

再例如这一场新冠疫情，当我们迫不得已地封闭于家中，看着新闻报道中的那些美丽逆行者，不顾个人的安危甚至有很多人为之付出了自己的生命，相信您也曾为之深深动容。但因为这件事，在教育孩子选择大学专业的问题上，我却听到过完全不同的声音：有家长坚决不同意自己的孩子选择医护专业，因为怕孩子也会成为最美逆行者后遭遇危险的情境；有家长则鼓励孩子选择医护专业，因为觉得治病救人非常的光荣。这两个选择，我没有任何资格去评论，因为能够理解每一方的初衷。但不得不承认，这两种声音形成的反差将我深深地触动了。我们父母的价值观、世界观和人生观，真的会直接影响到孩子的一生。

再论孩子的"听话"

我们再来对比着探讨一个之前谈起过的话题，那就是：**您希望您的孩子能听您的话吗？**

我相信，绝大多数家长都希望孩子能够听自己的话，原因很简单，因为我们觉得我们是孩子在这个世界上最为亲近的人，最爱他们的人，也是最不可能去伤害他们的人。

这些家长的初心是没有错的。但忽略了一点，我们当然绝对不会有意地去伤害我们的孩子，只是没有想过去伤害他们，就一定是在有效地帮助着他们吗？这个问题先放一下，我们看一下下面的问题，再结合着来探讨：**您希望您的孩子的未来能够超过您吗？**

我相信，几乎所有的家长都会希望孩子未来能够超过自己，拥有更好的工作、更好的生活、更好的未来。

那么我们来打个比方，假设您的学历是大学本科，孩子一直都很听您的话，也在按照您的指导和期望长大，那么您的孩子将来能够取得跟您一样的大学本科学历是不是就已经算是合格了？我们再假设孩子能够青出于蓝而胜于蓝，那么取得比大

> 酒不如久，有不如友。

学本科学历再高一个水平的硕士研究生学历，是不是就已经到达了孩子高度的上限了呢？

那么我们想想是谁给孩子的上限设定了高度呢？

这个社会之所以在不断地进步，就在于下一代"**不听**"上一代的话。

归根结底我们又回到了其实一直在表达着的观点：**是我们家长的知识水平、阅历眼界、胸怀格局决定着我们的孩子未来的上限。**

想通了这一点，身为家长的我们就不必再绞尽脑汁地去想该如何让孩子听话了，只要我们的孩子遵守着道德法律的界限，我们就该放手去让孩子按照他们自己的真实意愿，勇往直前、不断攀登。我们必须给孩子设定一个做人做事的底线，但不去限制孩子未来发展的上限，因为孩子的上限本该就是——

> 无限！

筷子中的夫妻相处之道、育儿之道

接下来问几个我看不到您答案的问题：您尝试着自己理一下逻辑关系，看看能发现什么样的关系，意识到什么样的问题。

1. 您觉得您的孩子有什么缺点？

_____

_____

_____

2. 当您的孩子长大后，您希望他有哪些优点？

_____

_____

> 世界上再昂贵的交通工具，
> 也无法缩短心与心的距离。

3. 作为家长您有什么缺点？

_____

_____

_____

这三个问题，有着必然的因果关系，有着相对鲜明的对比，相信您看着亲手写下的文字，您能够看出、想出一些之前您可能没有意识到过的问题。我们先要改变自己的哪些缺点，然后再去试图纠正孩子身上类似的问题，这才是正确的顺序。

每一对夫妻，其实都是一双筷子。

丈夫和妻子在未成家之前，就好比各自是一只筷子，走到一起组成家庭后，虽仍是两只筷子却要叫一双了。因为再难分彼此，必须相辅相成、甘苦与共。就像虽然夫妻是两个人，却要被称为一家人是同样的道理。

两根筷子为一夫一妻、一阴一阳，就像传统文化中的**道生一、一生二**，一双筷子却是两个人，这两个人再孕育生命，就是**二生三**，这个家庭世界就从此而**三生万物**了。

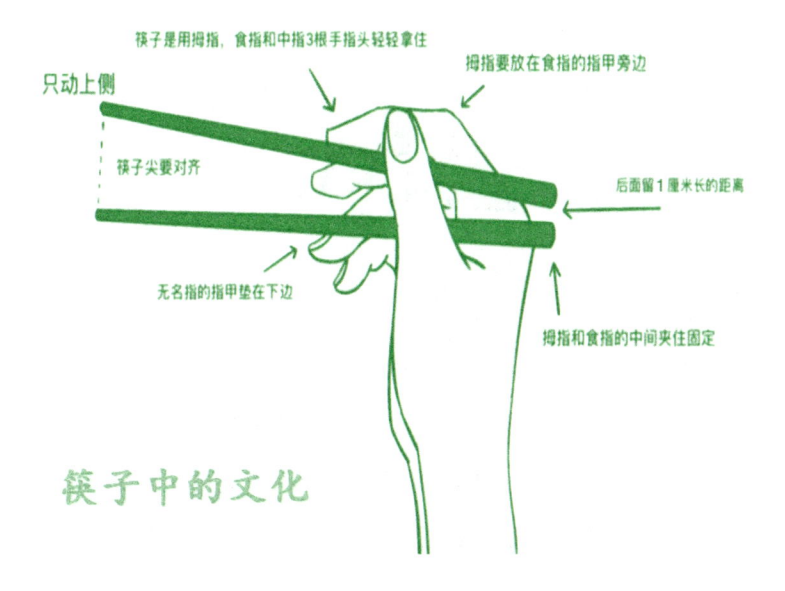

失明，不只是盲人，也是那些内心**失**去信仰和光**明**的人。

只动上侧

筷子尖要对齐

筷子是用拇指，食指和中指3根手指头轻轻拿住

拇指要放在食指的指甲旁边

后面留1厘米长的距离

无名指的指甲垫在下边

拇指和食指的中间夹住固定

筷子中的文化

筷子中的夫妻相处之道、育儿之道

有人，生来爱你；没有人，生来爱你。

　　假设下面不动的那只为阴，代表着妻子，相对来讲多为女主内，妻子该是家庭中的定海神针，保障着一个家庭能够平稳地运转。丈夫以妻子为圆心，男主外，丈夫就好比圆规最外边的那条腿，围绕着妻子这个圆心转动才能画出完整的圆。所以只有夫妻**通力协作、互相成就**才可能达成这个家庭的 圆满 。或许这就是家庭幸福美满的由来吧！

　　用筷子吃饭时，筷子尖的一端需要**对齐**，这个对齐就好像寓意着夫妻之间要举案齐眉，要步调一致，要保持有效的沟通，才能让这个家庭吃饱饭，吃好饭，过好日子。

　　过，好日子。

　　过好，日子。

　　是完全不同的概念，请细思之！

　　象征着妻子的那根筷子不动，而是象征着丈夫的那根筷子通过不同幅度的动作来夹起饭菜，这像不像夫妻之间的关系？主内的妻子不**乱动**，主外的丈夫不为外界的诱惑所**妄动**，才能保证家庭的稳定，要吃哪道菜需要两根筷子同时指向菜盘的同一个落点，任何一方皆不可跑偏。

　　夫妻跟筷子一样，就应该成对成双。

　　有个字叫"**替**"：

> 比短剑更伤人的是短见。

替

左上为**夫人**的**夫**，右上为**丈夫**的**夫**，下为**过日子**的**日**。

这个**替**字好像在告诉我们家长，对于孩子来说，父母一体均无可"替"代！

用筷子给孩子夹菜的时候，还可以提醒自己另外一个道理：**喂孩子是为孩子。但为孩子，绝不能只是喂孩子。**

孩子大一点了，我们要教孩子使用筷子，教的时候要教孩子使用筷子的规矩，也可以给孩子讲一讲筷子所包含的寓意。

筷子尖的一端是圆形，而顶端是方形，这寓意着传统文化中的天圆地方。而人们用圆形的代表着天的一端夹菜吃饭，暗含着**民以食为天**的道理。因为在过去阳光和雨水决定着土地的收成，所以人们祈求风调雨顺，才能够五谷丰登，这便是靠天吃饭了。

通过用筷子吃饭，我们还要教给孩子在吃饭时有什么规矩，要注意的细节又包含着什么道理。

比如吃饭时，不能用筷子敲饭碗和菜盘，因为那是过去乞

> 睡觉，随时可以翻身；翻身，
> 不能只靠"睡觉"。

丐要饭才做的事情；不能用筷子在菜盘里翻来翻去，一是不卫生，二是没教养；不能将筷子插在饭碗里或菜盘里，因为那是祭祀上香时才会做的动作，寓意不吉利，令人望而生厌；不要用筷子去够很远的菜，等到菜转到面前再夹，否则容易掉落，也显得贪吃没规矩；等等。

在外做客吃饭时，手要"**短**"一点，即使吃的同一道菜也要夹距离自己最近一边的，不要夹菜盘远端的菜。有句俗语说：吃人的嘴软，拿人的手短。吃了别人的饭，拿了别人的好处，就要嘴上留情、手下留情。

用筷子的规矩、吃饭的规矩，其实都是做人、做事的道理，我们家长需要通过自己的总结和针对性的学习，去在生活中慢慢向孩子传递，让孩子慢慢记住，这是小事儿，却也真的不是小事儿。

我们总说家庭教育、家庭教育，其实最刺耳的形容家庭教育的一句话一定就是这句："没有**家教**"了吧？

什么叫有家教，什么叫没家教，不就是体现在每一个人为人处世的一个个细节里吗！

每次吃饭使用筷子时，建议您都可以回忆一下这段内容，体会一下、验证一下，多多地思考一下。

家庭教育贵在"知行合一"

关于生命的意义这个话题，我之前一直在极力地劝说您要去认真地思考和总结，皆因这一点极其重要，这决定着我们为什么活着，如何活着，以什么样的心态继续活着。

那么我觉得也有必要跟您分享一下个人对于这一点的看法和总结。

我觉得，人活着皆是为了一个"情"字。

一是为了与父母、与子女、与兄弟姐妹、与亲人之间的"亲情"而活着。

二是为了与爱人之间，从没有任何血缘关系到不分彼此的"爱情"而活着。

三是为了与发小、与同学、与战友、与事业伙伴、与志同道合者等朋友之间的"友情"而活着。

四是为了创造一份事业、追求一个梦想的那份"热情"而活着。

五是为了在看到苦难者时忍不住施以援手，验证了人间自有真情在的那份"真情"而活着。

> 憎恨会使你成为一个房东，让所恨之人住在了脑海中，而且，你还一分钱都不收。就像明明是你喝了一瓶毒药，却希望中毒的是别人！

六是为了"交情""恩情""尽情""同情""才情""激情""温情""诗情画意""情深义厚""豪情壮志""情不自禁""心甘情愿"等**情**字而活着。

关于家庭教育这个领域有着太多太多可讲的道理，但每一个不能被知行合一的道理都没有什么实际的意义。

我们身为家长的只需要尽力加快学习的步伐，将您认可了的道理和方法，从您的家庭实际出发，在不断地运用和实践中注意观察，总结出一套适合您的家庭的思路和方法。

如果，您把这本书读到了这里，我想建议您做几个作业。

🔔 找一个您觉得适合的时机，给您的爱人道个歉，要诚心诚意，再给您的孩子道个歉，蹲下来保证跟孩子保持同样的高度。道歉的内容由您自己决定，您**一定**能够找到需要道歉的事情。

🔔 对您的爱人诚心地说一声谢谢你，再跟孩子也说上一句。谢什么？还是一样的道理，不必问我，您只需问自己。

🔔 做一件让您的爱人感动的事，再做一件让您的孩子感动的事，如何去感动您的爱人和孩子？请参考上一条。如果，如果您觉得您根本不可能感动到您的孩子，请原谅我这么说：您需要改变的真的很多很多……

> 女人别怕男人个子矮，该怕的是男人的目光短浅；男人别怕女人个子高，该怕的是自己的以貌娶人。

这三个**所谓的**作业，没有具体完成时间的要求，但请您一定要做，尽快去做。这份作业要您交给您自己，自己审阅自己打分，并且随时可以安排补考，不限次数。

本书的最后，跟您分享一篇歌词，是我在 2010 年 6 月 1 日写给两岁女儿的一首歌。因为我不懂作曲，所以是套用了吕方的《朋友别哭》的旋律。

陶陶别哭

有这样一个人，能让人不彷徨，看一看这个世界原来如此清亮，有时哭，有时笑，有时乖，有时闹，睡着了还是会微笑。

有这样一个你，是上天的恩赐，你给了爸爸妈妈太多的快乐，怎么能忘得了，你的那一颦一笑，我愿意永远做你的依靠。

陶陶别哭，没看到爸爸正在学老虎，
陶陶别哭，我陪你就不孤独，
面对你爸爸妈妈永远敞开怀抱，
最希望看到你开心的笑。

人间三 Yue 天，一是审阅
自己，二是翻越自己，三是取悦
自己。

陶陶别哭，你一直在我心灵最深处，
陶陶别哭，我陪你成长的路。
轮回中能成为你这天使的守护，
这一生，还有什么不知足……

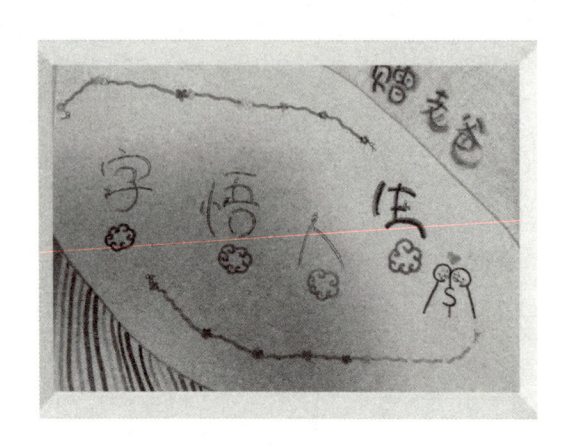

后 记

说实话写完这本书，我的心情很是复杂。

一方面长出了一口气，有着终于完成一件重要事情后的如释重负；另一方面又怅然若失，好像突然失去了目标般的无所适从。

诚然，本书的确是用心之作，但我深深地知道仍有着太多的不足。我有着太多的意犹未尽，却又担心笔墨过多、观点过于重复，会令读者产生厌读的情绪。同时，我更担心讲述得不够透彻，无法让读者理解我写作真正意图之所在。

想来这就是当局者迷、关心则乱吧！

自问自答一个问题。

问：为什么在已出版的《字悟人生》和这本即将出版的《育见自己》的书里，都"刻意"地没有放置作者本人的照片呢？

答：因为我害怕，会有读者因为不喜欢我的模样长相，从而有可能会排斥书里面那些可能还有着一点点道理的话语。因为我希望，读者能更关注书中的内容，而不是被作者的身份、地位、知名度和财富值等因素所影响或误导。

家庭教育看似只有四个字,其实质上却是一个非常非常庞大的课题。我认为,家庭教育中包含着"三观"(价值观、人生观、世界观)的问题、夫妻关系的问题、婆媳关系的问题、单亲家庭的问题、重组家庭的问题、隔代教育的问题、人生规划的问题、文化差异的问题、生活习惯的问题、沟通方式和能力的问题、情绪管理能力的问题、终身学习能力的问题,等等,真是有太多太多的问题。

以我目前的能力还无法一一给出上述问题的答案或建议,因为我自身仍有着太多太多的东西,需要沉淀、体会和继续学习。但在今后的心理咨询工作和家庭教育授课工作中,我将有意识地搜集整理和总结相关的案例,以期能在下一堂课里或下一本书里,给听众或读者更多的有借鉴意义的方法与分析。

我始终坚信,就像这世界上没有"包治百病"的医生一样,也没有哪一种方法能够去适用于所有的家庭。只有使用者因地制宜、量体裁衣、具体问题具体分析,方法才能真的具有针对性和实用性。别人说的"一百个"道理再有道理,也总归不如自己悟出的"一个"道理,更能深入心底。其实我们所有人都一样,都最应该跟我们照镜子时镜子里的"那个人"好好聊一聊,重见自己便是重见天地!

最后,谨以此书,献给每一对夫妻、每一对父母和每一个孩子,衷心地希望书中内容能对您和您的家庭有哪怕一点点的帮助！也以此书，悼念我因抑郁症跳楼自杀的亲侄子：lè lè（2006年4月15日—2022年3月29日）。衷心祈愿：这个世界上能够少一个孩子自闭、抑郁、离家出走、自残自杀……愿能少一个，愿能再少一个。

刘文超

2023年9月